大学4年間の

経済学
見るだけ
ノート

監修

木暮太一
Taichi Kogure

宝島社

大学4年間の

経済学
見るだけ
ノート

監修
木暮太一
Taichi Kogure

宝島社

「経済学は私たちの日々の生活を
理論としてまとめているだけ」

「経済学は難しい数式やグラフが出てきて、まったく理解ができない」という方が非常に多くいらっしゃいます。特に文系の学生は、数式やグラフの解読というのが理系の分野であるため、より苦手なことと思います。

しかし、経済学というのは、人間の日々の経済活動を理論化したものにすぎません。もっとわかりやすくいえば、私たちが毎日のように行っている買い物だって経済活動の1つです。経済学はそういう経済活動の1つ1つを理論化する学問なのです。ただ、その際に理論の「証明」として、数式やグラフが登場するので、難しく思えてしまうのです。

そこで、本書は経済学が苦手な方でも即座に理解できるように、イラストと簡潔明瞭な文章で、とことんわかりやすく解説しています。「そもそも経済学って何?」という疑問から始まり、企業の経済活動や、国の経済、政治と経済の関係性など、幅広いテーマの経済学が一気に学べます。

　また、本書では各テーマの理論を説明するにあたって数式やグラフはほとんど使っていません。理論の証明よりも意味と内容に加え、その理論が私たちの生活にどう関わっているのかを解説しています。また、ニュースでよく目にするグローバリゼーションやTPP、フェアトレード、行動経済学など最新の経済用語・経済事情についても幅広く解説しました。

　ちなみに、経済学は学生に限らず、ビジネスマンにも必須の学問です。テレビや新聞、ニュースサイトでも、経済にまつわる話題が溢れ返っているだけに、経済学的思考は身に付けておいてしかるべきでしょう。

　自分の目で経済を見る力が養われると、世の中の見方が大きく変わります。本書がそのきっかけ作りになってくれることを願っています。

　さらに経済学を学びたいという人は、私の書いた『大学で履修する入門経済学が1日でつかめる本』、『落ちこぼれでもわかるミクロ経済学の本』、『落ちこぼれでもわかるマクロ経済学の本』（全てマトマ出版）もお薦めします。

　　　　　　　　　木暮太一

大学4年間の
経済学 見るだけ ノート
Contents

はじめに …………… 2

Chapter1 |||||||||||||||||||
身の回りにある経済学

01 そもそも経済学って何？
効率 ………… 10

02 人が物を買う際の大前提①
効用 ………… 12

03 人が物を買う際の大前提②
選好 ………… 14

04 1杯目のビールがおいしい理由
限界効用逓減の法則 ………… 16

05 物の値段はどうやって決まる？
希少性 ………… 18

06 費用には目に見えないものもある
機会費用 ………… 20

07 コーヒーと紅茶で見る経済学
代替財と補完財 ………… 22

08 給与アップで増えるものと減るもの①
需要曲線と供給曲線 ………… 24

09 給与アップで増えるものと減るもの②
上級財と下級財 ………… 26

10 物が安く買えた時に起こる現象
所得効果と代替効果 ………… 28

11 安く買えるのに買わないものもある
ギッフェン財・ヴェブレン財 …… 30

12 「うれしさ」も立派な経済学
消費者余剰 ………… 32

column no.01 ………… 34

Chapter2 ||||||||||||||||||||||
企業にまつわる経済学

01 そもそも企業って何？
企業の目的・存在意義 ………… 36

02 生産量と生産費用（コスト）の最適なバランスとは？
生産関数・費用曲線 ………… 38

03 給与はどう決められているの？
利益の最大化・限界収入と限界費用 ………… 40

04 商売って
誰でも参入できるの？①
完全競争市場 …………… 42

05 商売って
誰でも参入できるの？②
独占企業・寡占企業 ………… 44

06 価格って
誰が決めているの？
価格調整・プライステイカー …… 46

07 なんで市場に1つしか
ない企業があるの？
規模の経済・自然独占 ………… 48

08 独占企業は価格を
つけ放題？
プライスメーカー ………………… 50

09 寡占業界って
どんな企業がある？
同質財・差別財 ………………… 52

10 寡占業界はゲームの
ようなもの？
ゲーム理論・ナッシュ均衡 …… 54

11 寡占業界は
なぜ協力しないの？
囚人のジレンマ ………………… 56

12 競争相手が同じだと
手を組みやすい？
フォーク定理 …………………… 58

13 カルテルってどういうこと？
カルテル ………………………… 60

column no.02 ………… 62

Chapter3 ||||||||||||||||||||||
市場にまつわる
経済学

01 そもそも市場って何？
神の見えざる手 ………………… 64

02 市場のベストな状態とは？
パレート最適 …………………… 66

03 市場とは
つねに不安定なもの①
市場の失敗・外部性 ………… 68

04 市場とは
つねに不安定なもの②
共有地の悲劇・
モラル・ハザード ………………… 70

05 市場の不安定は
克服できる？
コースの定理 …………………… 72

06 じつは誰もが
市場に関わっている
公共財 …………………………… 74

column no.03 ………… 76

Chapter4
経済成長の仕組みって何?

01 お金はどのように回っている?
市場経済 ………… 78

02 国が豊かになる指標はどう測る?①
GDP ………… 80

03 国が豊かになる指標はどう測る?②
GNP ………… 82

04 家事労働は経済成長に含まれない?
キャピタルゲイン・家事労働 …… 84

05 物価指数ってよく聞くけど何?
物価指数 ………… 86

06 投資は経済成長の礎
投資 ………… 88

07 経済成長を見るには消費にも注目
消費 ………… 90

08 経済成長には政府の存在が欠かせない?
ケインズ経済学 ………… 92

09 経済における政府の役割とは?①
財政政策 ………… 94

10 経済における政府の役割とは?②
乗数効果 ………… 96

11 景気の悪さはどこで測る?
完全失業率 ………… 98

12 税と社会保障が国を安定させている
自動安定化装置 ………… 100

13 国が赤字だと良くないの?
財政赤字 ………… 102

14 プライマリーバランスってどういうこと?
プライマリーバランス ………… 104

15 増税と国債発行どっちが良いの?
中立命題 ………… 106

16 少子高齢化なのに経済成長はできるの?
イノベーション ………… 108

column no.04 ………… 110

Chapter5
お金と金融にまつわる経済学

01 経済にはお金の存在が不可欠
貨幣の役割 ………… 112

02 金融ってどういうこと?
金融 ………… 114

03 日本銀行ってどんな銀行？
日本銀行 ················· 116

04 公定歩合って
どういうこと？
公定歩合 ················· 118

05 日本銀行の政策とは？
金融政策 ················· 120

06 信用不安って
どういうこと？
信用不安 ················· 122

07 金融危機には
どんなものがある？①
インフレ ················· 124

08 金融危機には
どんなものがある？②
デフレ ················· 126

09 インフレって
困るものなの？
良いインフレ・悪いインフレ ····· 128

10 バブル経済って
何だったの？
バブル経済と崩壊 ········· 130

11 なんで日本は
デフレになったの？
デフレ不況 ················· 132

12 今さらだけど
アベノミクスって何？
アベノミクス ················· 134

column no.05 ········· 136

Chapter6 ||||||||||||||||||||||
グローバルな経済の
仕組みが知りたい

01 私たちの生活は
貿易なくして成り立たない
貿易 ················· 138

02 貿易の基本的な
考え方とは？
比較優位の原則 ················· 140

03 貿易の際、主に使われて
いる通貨は？
基軸通貨 ················· 142

04 日本の貿易は
うまくいっているの？
国際収支 ················· 144

05 アメリカの貿易は
うまくいっているの？
アメリカの貿易赤字 ········· 146

06 円高と円安って
どういうこと？
円高・円安 ················· 148

07 経済統合って
どういうこと？
経済統合と通貨統合 ········· 150

08 TPP もグローバリゼー
ションの一環
TPP ················· 152

09 **WTO って 何をしているところ?**
WTO ………… 154

10 **貿易と地理との 関係性とは?**
経済地理学 ……………… 156

11 **フェアトレードって何?**
フェアトレード ……………… 158

column no.06 ………… 160

Chapter7 ||||||||||||||||||||||||||||
政治と経済の 関係とは?

01 **政治が経済を 左右させている理由**
政治的景気循環論 …………… 162

02 **経済政策に 遅れはつきもの?**
政策の遅れ・裁量とルール …… 164

03 **格差社会になった 理由とは?**
労働者派遣法 ……………… 166

04 **なぜ消費税は導入された?**
消費税 ……………………… 168

05 **年金は将来もらえるの?**
年金 ……………… 170

06 **年金の支給開始の 引き上げが孕む問題**
高年齢者雇用安定法 ………… 172

07 **政府の信頼性が 好景気のカギ**
政府の信頼性 ……………… 174

column no.07 ………… 176

Chapter8 ||||||||||||||||||||||||||||
最近話題の 行動経済学って何?

01 **行動経済学は心理学に近い**
行動経済学 ……………… 178

02 **2017 年のノーベル 経済学賞は何がすごいの?**
ナッジ理論 ………………… 180

03 **人はだんだん良くなる ほうを好む**
上昇選好 ……………… 182

04 **提示の仕方で 印象がガラリと変わる**
フレーミング効果 …………… 184

05 **人は顕著な特徴だけで 全てを判断してしまう**
ハロー効果 ………… 186

06 **損をしても変化したく ないという非合理性**
保有効果・現状維持バイアス
……………… 188

column no.08 ………… 190

参考文献 ……………… 191

身の回りにある
経済学

経済学を深く理解するために、まずは私たち
の身の回りにある経済学を考察。本章で経
済学の基本的な考え方を理解しましょう。

そもそも経済学って何？

経済学と聞いてどんなイメージを持ちますか？ 「高度な学問で難しそう」という人もいると思いますが、わかりやすく解説します。

経済学にはお金にまつわる言葉がよく登場しますが、お金儲けに関する学問ではありません。経済学が目的としているのは、「資源をどのように**効率**良く配分しているか」ということを分析したり、仮説を立てて理論付けることです。ちなみに、ここでいう資源とは、石油や天然ガスなどの「原料」だけではありません。「労働力」や「個人の時間」など、**取引に関係するもの全てを「資源」**と考えます。

経済学の基本概念① 資源配分

資本

資源は世界の
みんなでシェア
しているんだね

財

coffee

サービス

技術

労働力

◉ 経済学の主要な課題は資源配分の問題を解くこと

土地、資本、労働力、石油、サービスなどの生産資源は全て限りがある。希少なものであるがために、配分の問題が生じる。

では、次に**「効率の良い配分」**について説明しましょう。たとえば、隣り合わせで2軒が並ぶスーパーで、リンゴが100円と70円で売られているとします。この場合、誰でも70円のリンゴを選ぶと思いますが、1個100円のスーパーが近所にあり、1個70円のスーパーが車で3時間の場所にあった場合はどうでしょう。「時間」という資源を考えると、1個100円のスーパーを選ぶのが最適ですね。

経済学の基本概念② トレードオフ

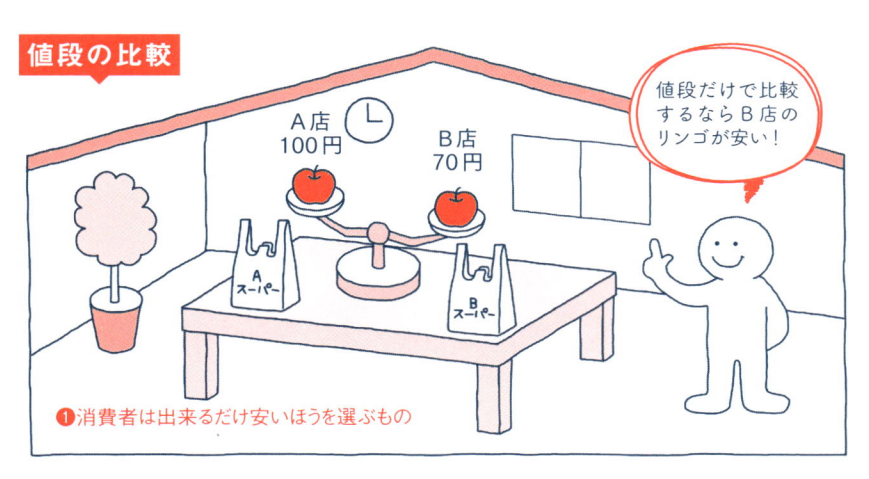

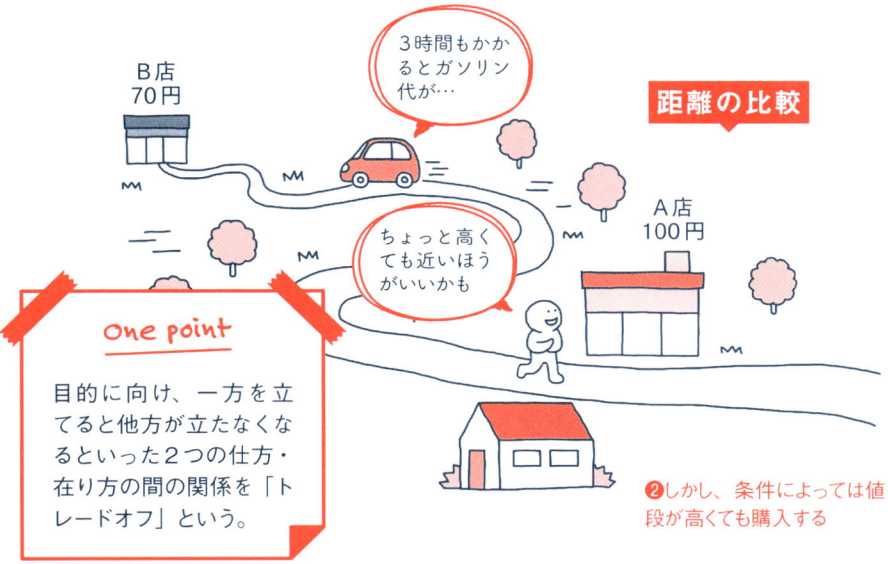

one point

目的に向け、一方を立てると他方が立たなくなるといった2つの仕方・在り方の間の関係を「トレードオフ」という。

経済学❶
02

人が物を買う際の
大前提①

論理的にお金にまつわる研究をする経済学という学問。その中において
「効用」という、人の"満足度"を基準にする定義があります。

普段、人が無意識に物を買う時、つねに働いている経済学の論理があります。たとえば回転寿司店に行ったと仮定しましょう。マグロの握りと鉄火巻きが流れてきて、鉄火巻きを取ったとします。どれかを選ぶ際、意識の裏側で働く**意思決定の大前提は「満足感」という主観的なもの**です。経済学でこれを「**効用**」と呼び、あらゆる行動の原理は「**効用**」をできるだけ大きくさせるためと考えられています。

我々の目的は「効用」を大きくさせること

へい、
いらっしゃい

海苔巻きが
大好物だから
鉄火巻きを食べよう

効用5

効用1　　効用0

◉ **効用の大きさが決め手**

「満足感」の大きさで人間の行動は変化する。経済学では、これを「効用」と呼び、誰もがこれを最大化させたいと考える。

マグロの握りより鉄火巻きが好きだとすると、前者の効用は「1」、後者の効用は「5」と、数値で表現できるかもしれません。経済学とは緻密なお金の研究と思われがちですが、**お金は単に財を買うための手段**です。購入した財でどれだけ満足感＝効用が得られるかが重要視されます。とはいえ効用は千差万別で、人ぞれぞれまったく異なるもの。各々の選択がもたらす優劣は絶対的な基準で測ることができません。

お金は手段にすぎず、個々の「効用」は千差万別

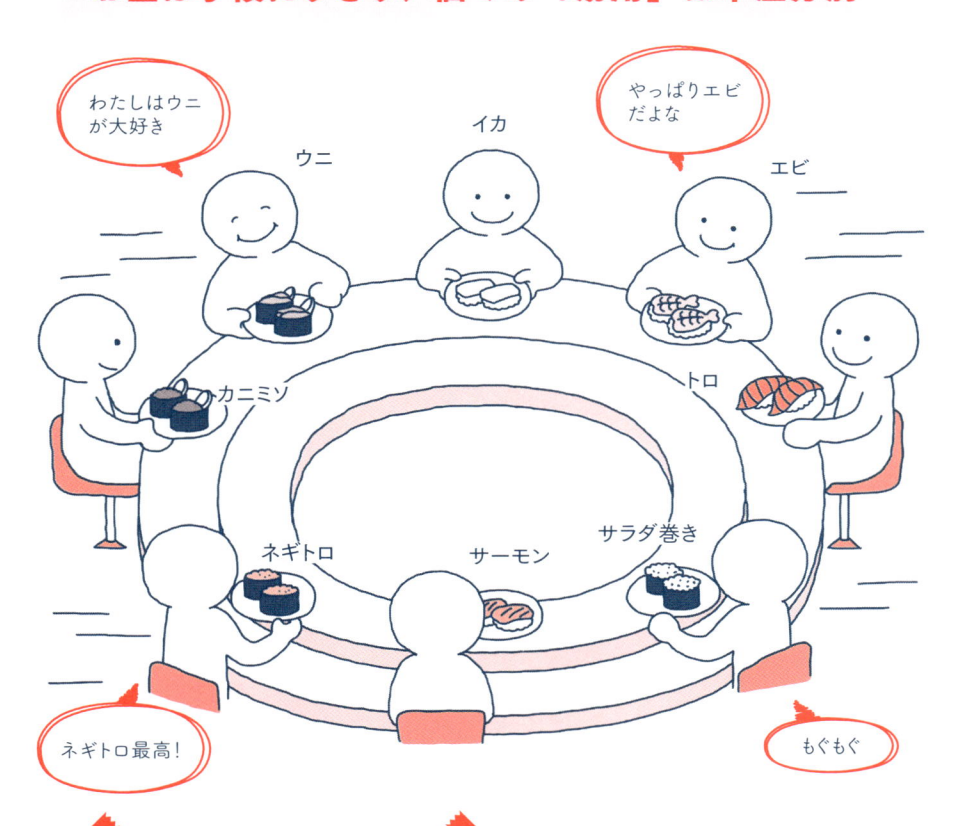

同じお金の価値でも「効用」の大きさは異なる

one point

経済学はお金ではなく、お金で買った物で得られる「効用」の大きさに注目。ただし効用は主観的で個人差が生じる。

経済学❶
03
人が物を買う際の
大前提②

人間には、好みがあります。経済学では「好み」のことを「選好」と呼び、限られた所得の範囲内で順序立てて買い物を行っています。

そばよりもうどんが好き、天ぷらよりも寿司が好きなど、人間には必ず好みがあり、各々の尺度で評価を下しています。そのことを経済学では「**選好**」といい、消費における1つの指標としています。ただし、なんでも好きなものは選べません。よほどのお金持ちでなければ、使えるお金に限度があるからです。これは**「予算制約」と呼ばれ、収入と支出の関係性を表すもの**で、消費の選択に影響を及ぼします。

「選好」は予算制約に直面してしまう

買い物を例に説明しましょう。当たり前のことですが、予算が少なければあまり商品を買えません。しかしながら、予算がたくさんあった場合は選択肢が広がり、状況は違ってきます。経済学は、「選好」や前項の「効用」、さらには「予算」などの条件を合わせながら、**「どんな条件が加わると、最適な消費量はどう変化するか?」**ということを科学的に解き明かす学問なのです。

予算が増えれば選好も変わる

経済学❶
04

1杯目のビールが
おいしい理由

消費のアップに反比例して効用がダウンするのが限界効用逓減の法則。
食事でも買い物でも、日常のあらゆる場面で体感できます。

よく冷えた生ビールを、仕事あとにぐいっと飲む。これほどおいしいと感じ、幸せに
なれる瞬間はありません。ビールに限らず、物を消費すると必ず満足感が得られます。
とりわけ最初に消費した時は満足度が高くなります。では、2杯目以降はどうなる
でしょうか。経済学では**「もう1杯ビールを手に入れた時の満足度」**を**"限界効**
用"と呼んでいますが、これには大原則があります。

限界効用逓減の法則とは

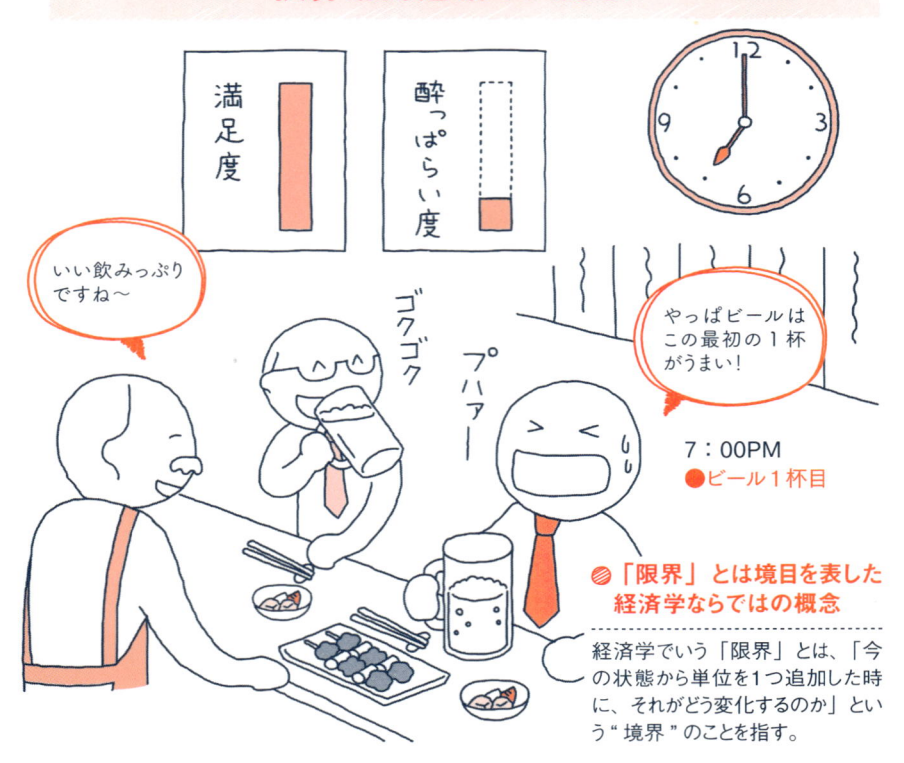

満足度

酔っぱらい度

いい飲みっぷり
ですね〜

ゴクゴク

プハァー

やっぱビールは
この最初の1杯
がうまい！

7：00PM
●ビール1杯目

◎「限界」とは境目を表した
　経済学ならではの概念

経済学でいう「限界」とは、「今
の状態から単位を1つ追加した時
に、それがどう変化するのか」とい
う"境界"のことを指す。

ビールはグラスを重ねるごとに、おいしいと感じる満足度が薄れてきます。効用はプラスであるものの減少傾向になります。これを経済学では「**限界効用逓減の法則**」といいます。「逓減」とは徐々に減るという意味。なお限界効用が低下しても**消費で得られる満足度の全体量は微量ですが増加しています**。つまり限界効用は徐々に減っていくとはいえ、満足度自体が減っていくわけではありません。

9：00PM
●ビール10杯目

one point

ビールを飲む（消費する）ごとに満足度（効用）は下がっても、効用の全体量は少しずつだが上がっていく。

経済学❶
05

物の値段は
どうやって決まる？

つねに変動する価格は、売り手と買い手の駆け引きにも似た関係性によって決定付けられます。そこには資源が有限であることが関係しています。

値段が高い物、安い物。時に値上がりする物、値下がりする物。あらゆる物に付いている価格は、経済学でいう「**希少性**」、すなわち**資源が有限であること**で決められます。わかりやすい例で説明しましょう。人間は水がないと生きていけません。500ml のペットボトルの水を買うと通常 100 円前後です。ただしこれは街での話。水の確保が難しい砂漠だと 1 万円を払ってでも買うこともあるでしょう。

「希少性」 ＝ 財やサービスが不足している状態

希少性が高いと価格はアップ

1973年に起きたオイルショック。中東の産油国が70%以上もの原油価格の引き上げを決定したため、石油製品が高騰しました。これによりトイレットペーパーがなくなる、という噂が流れ、買い占め騒動が勃発。街からトイレットペーパーが消えます。しかも当時1パック140円の価格が400円と一気に2倍以上も値上がりしました。**供給が減り、需要が増えると価格はみるみる上昇する**のです。

「希少性」が高まると市場価格が高騰しても需要が勝る

one point

需要の増加はその市場への企業参入を促し、結果としてより多くの資源が供給されるのが経済の基本的な仕組み。

経済学❶
06

費用には
目に見えないものもある

経済活動において必ず発生するコストには、目に見える一般的な「費用」と、目に見えない「機会費用」があることをご存知ですか?

コスト、すなわち「費用」は経済学を理解するうえで必要不可欠な考え方です。**人が生活していくうえで、企業が活動していくうえで、費用は必ず発生します。**個人で物を買ってもその購入金額は家計においても費用となります。企業としてある商品を生産して販売する経済行為においては、人件費や仕入れ費、リース費など、ありとあらゆる費用がかかっています。これらはいわば目に見える費用といえます。

経済活動に必ず発生する「費用」

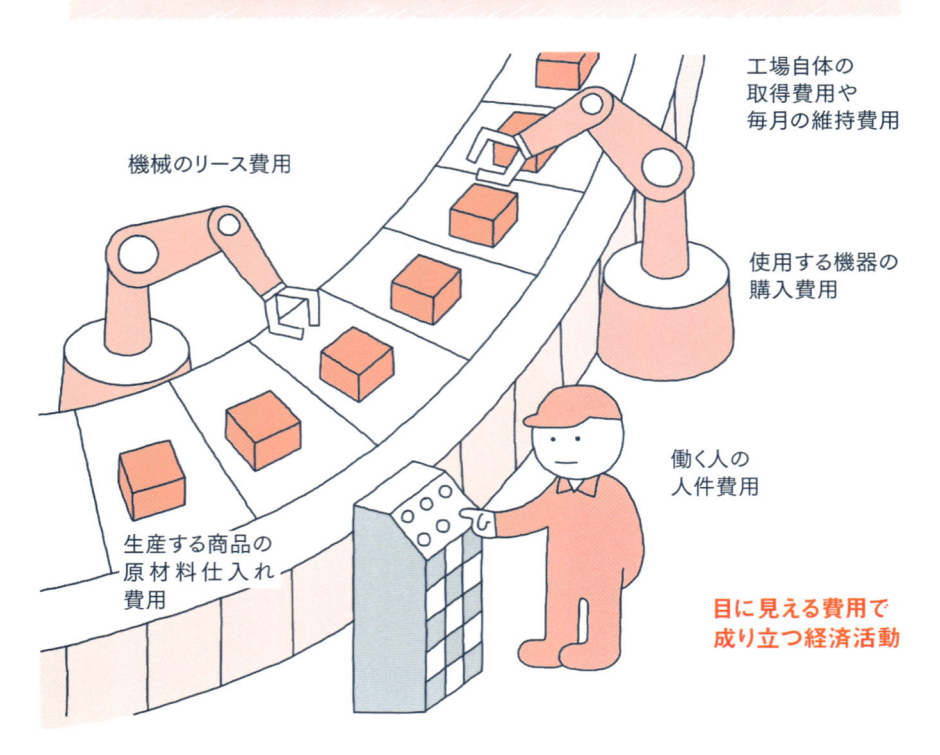

工場自体の取得費用や毎月の維持費用

機械のリース費用

使用する機器の購入費用

働く人の人件費用

生産する商品の原材料仕入れ費用

目に見える費用で成り立つ経済活動

一方で経済学においては、目に見えない費用があります。これは「**機会費用**」といい、他の行動をしていたら最大いくら利益があがったか、を指します。たとえば優れたパソコン技術を持つ A 君がいたとしましょう。日給 3 万円の仕事の依頼がありましたが、怠け者の A 君は断って遊びます。この場合、**仕事をしていたら得られたはずの 3 万円が機会費用**となります。

機会の損失で犠牲となる最大利益が「機会費用」

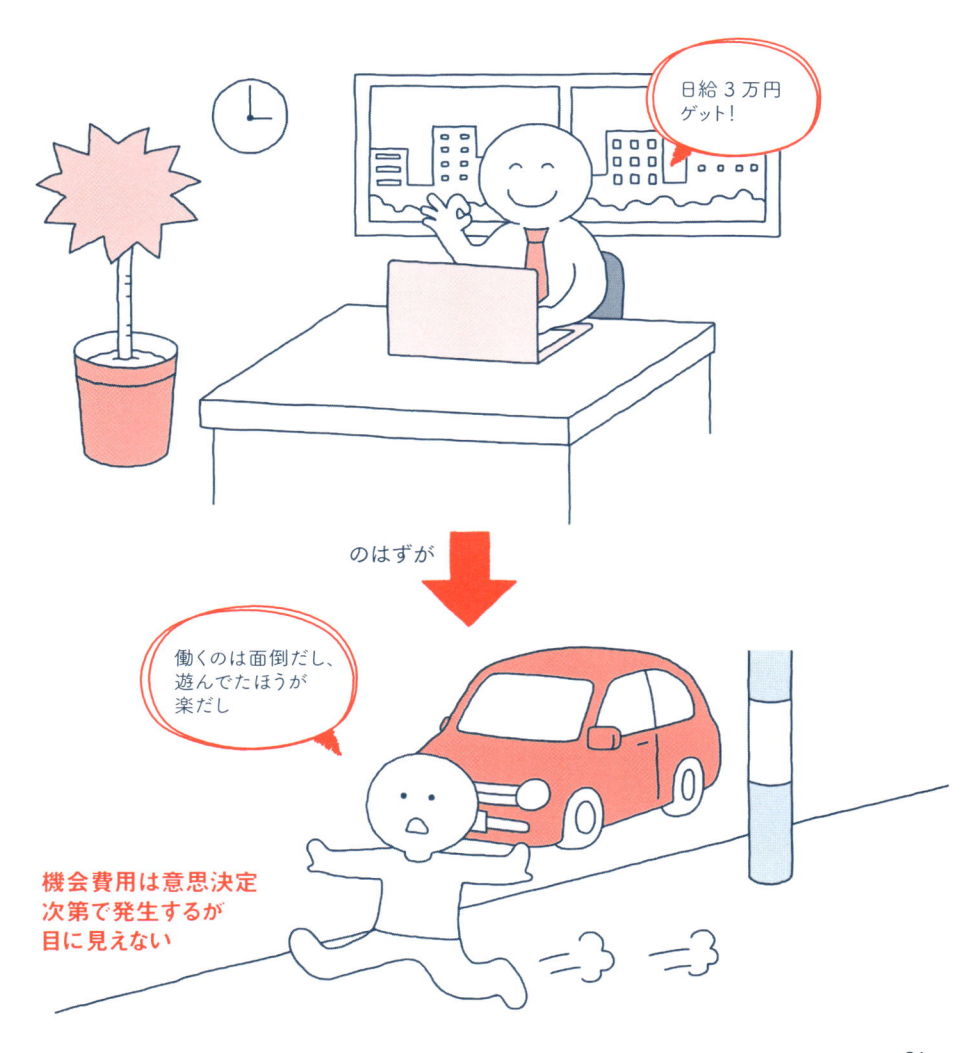

コーヒーと紅茶で見る経済学

経済学❶
07

代用品があることや、密接な商品特性によって、価格と需要が影響し合う場合があります。これを「代替財」「補完財」といいます。

「**代替財**」という言葉が経済学で使われます。簡潔に説明すると、商品Aの価格が高い時、それに取って代わる商品Bのことを指します。ビールと発泡酒の関係性がそうでしょう。ミクロ経済学では代替財の具体例として、コーヒーと紅茶の関係を挙げられます。つまりコーヒーの価格が高騰したなら、**相対的に安価となる紅茶が選択される**ということで、需要量がコーヒーから紅茶へと移動します。

価格が変わると影響力が変わる

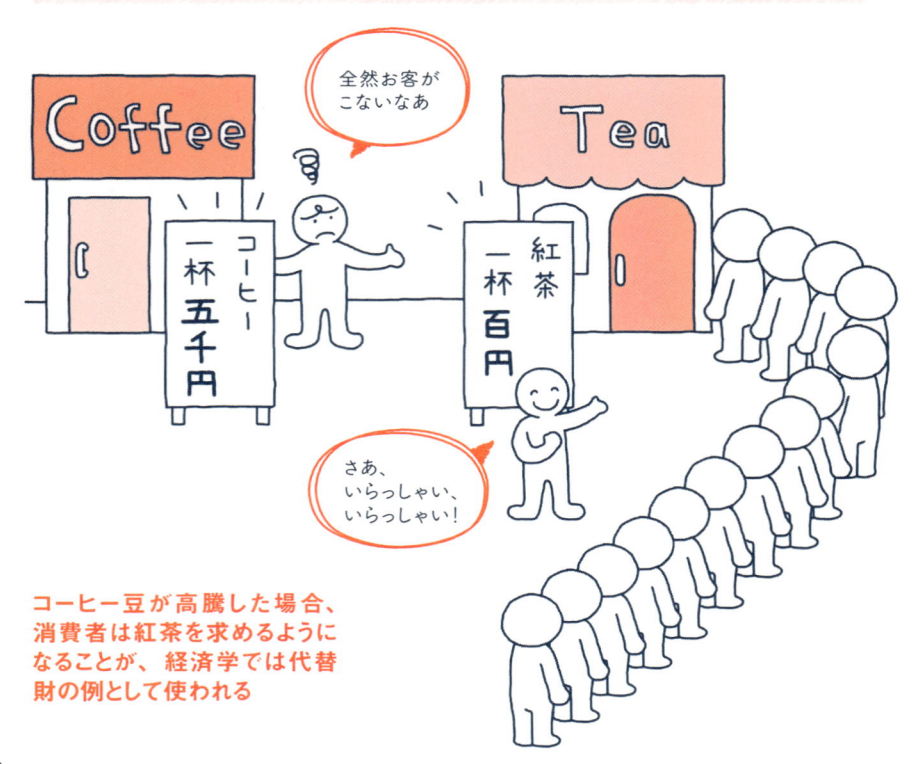

コーヒー豆が高騰した場合、消費者は紅茶を求めるようになることが、経済学では代替財の例として使われる

その一方で、代替財とは真逆の関係性といえる「**補完財**」というのがあります。たとえば DVD ソフトと DVD プレイヤーがそうです。DVD ソフトの価格が下がれば、DVD プレイヤーの需要は増大します。このように財にはある程度の代替性と補完性が備わります。代替財の最大の特徴は、**片方の財の価格の上昇（あるいは下落）が、もう一方の財の需要を増大（あるいは減少）させる関係にある**ことです。

価格の下落で買う物が増える

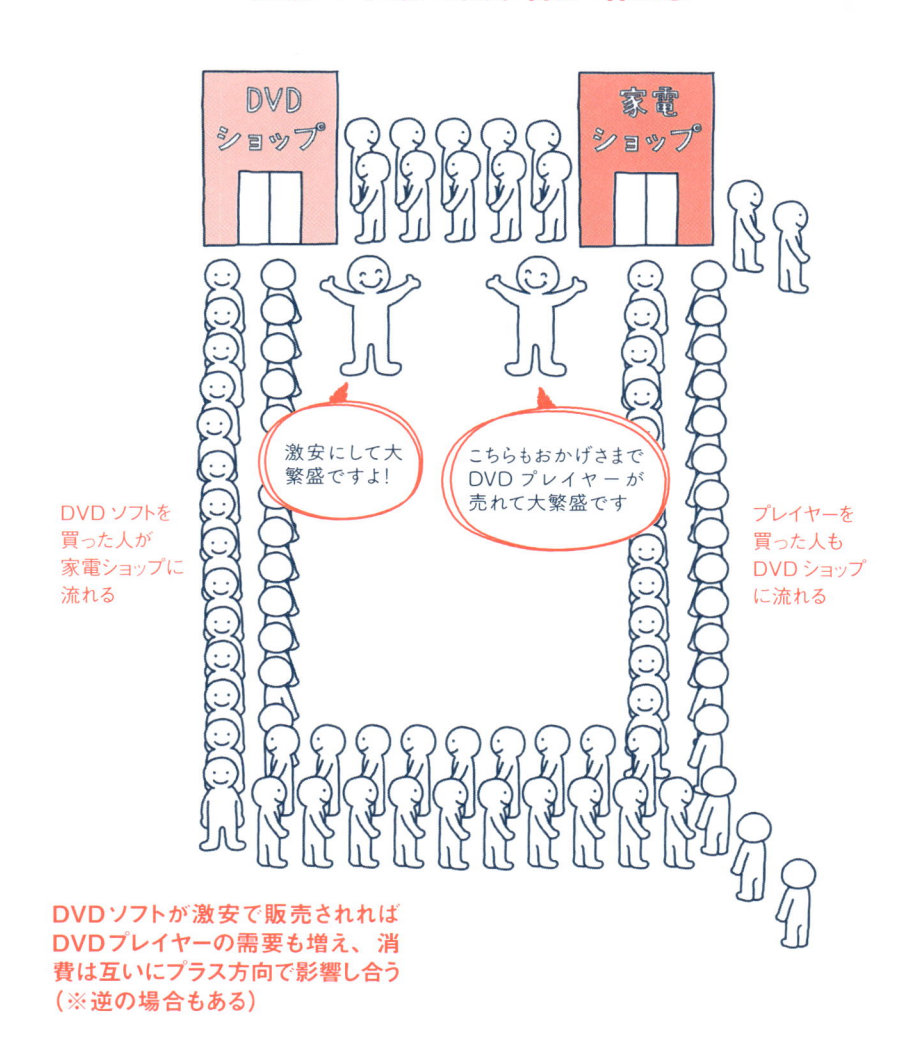

経済学❶
08

給与アップで増えるものと減るもの①

消費に回せるお金が増えれば個人は潤いますが、雇用する企業側の事情もまた変化。需要と供給の不思議な関係を経済学が紐解きます。

経済学を理解するうえでの必須項目が「需要」と「供給」です。**商品を消費する側と提供する側**といえばわかりやすいでしょう。両者には一定の法則があることをご存知でしょうか？　まず需要は価格が上昇するほど少なくなり、逆に価格が低下すれば多くなります。縦軸に価格、横軸に需要量のグラフを描くと、**需要曲線は右下がり**になります。一方の**供給曲線**は価格が上がるにつれ右上がりになります。

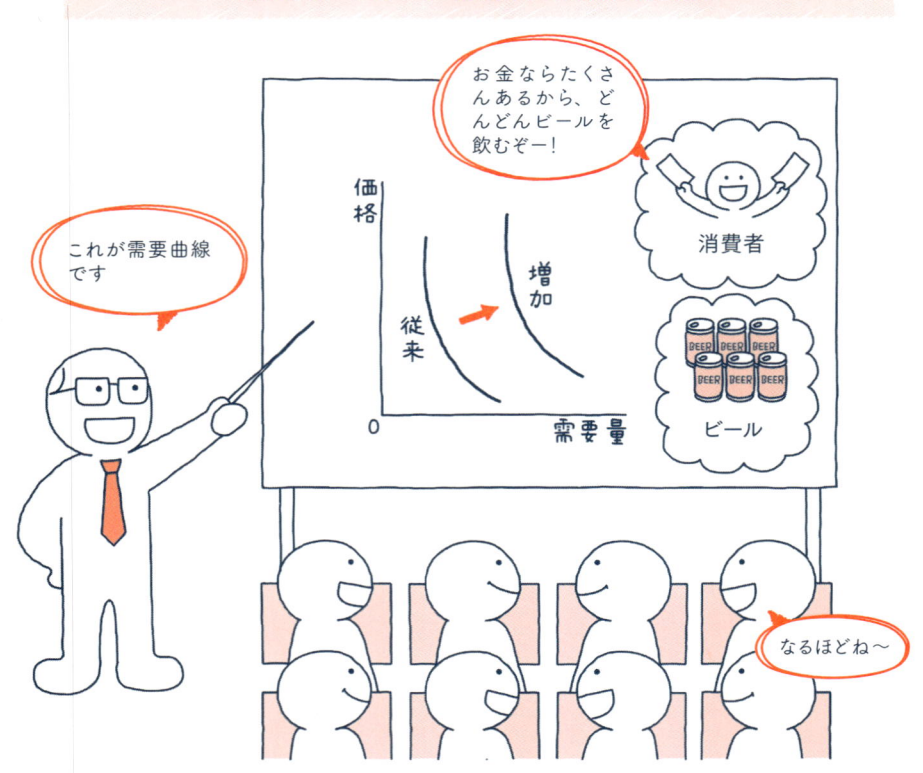

給与アップで増加する需要曲線

ところが別要因での需要と供給の変化も考えられます。たとえば給与です。仮に日本人全員が昇給し、毎晩1本のビールが2本になるとしましょう。給与が増えれば価格が変わらずとも、ビールの需要絶対量が増えます。その逆に、企業側では賃金上昇による人材費用の負担を抑えるため、ビールの生産量自体を減少させます。**需要と供給の変化が総体的に影響を及ぼす**という理論です。

給与アップで減少する供給曲線

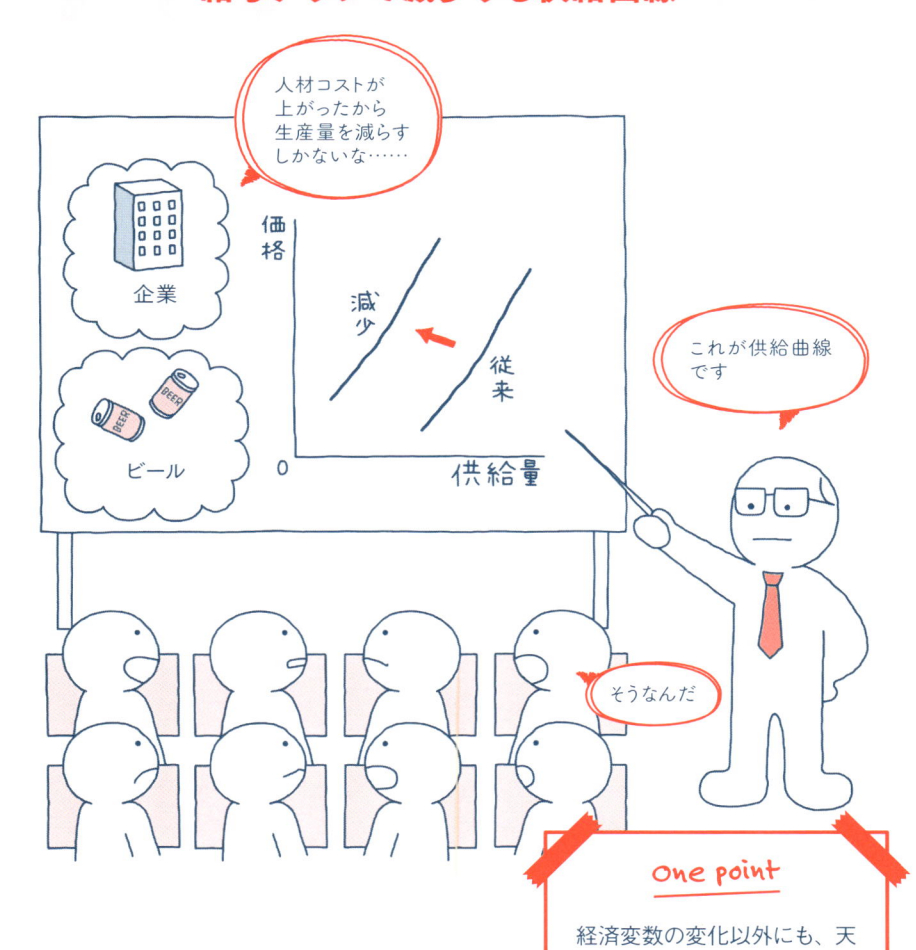

給与アップで
増えるものと減るもの②

経済学において価格とは商品自体の価値を示すだけでなく、消費者の経済状態とも密接にリンクしてその消費量に影響を及ぼします。

あなたが転職に成功したとします。年収が倍近くまでアップしました。それまではお気に入りといえど年に1本飲めればよかった高級銘柄のワインを毎週飲むようになり、消費量が増えました。この場合、ワインは「**上級財**」（あるいは正常財）と呼ばれます。経済学的には**実質所得が上がれば消費量が増え、実質所得が下がれば消費量が減るもの**を指します。

所得水準アップによって消費量が増える「上級財」

成功したから
いつだって大好きな
ワインが飲めるな

上級財は一般的に
品質の高い財を指す
ことが多い

その一方、自由に使えるお金が増えて豊かになったあなたは、ワインの代用品として日常的に飲んでいた焼酎を飲まなくなったとしましょう。その場合、焼酎は「**下級財**」ということになります。下級財の消費は**実質所得が上がれば消費量が減り、実質所得が下がれば消費量が増えるものを指します**。年収の上昇か下落によって消費されるものは変わり、経済全体に影響を及ぼします。

所得水準ダウンによって消費が増える「下級財」

前はこんなカンジで安い焼酎ばかり毎日飲んでいたな

はぁ～、もっと給料上がらないかなぁ

下級財は一般的に品質の低い財を指すことが多い

one point

所得が増加して豊かな生活が実感できる消費行動が上級財を増加させ、経済学上では下級財とつねに対比関係で定義される。

経済学❶
10

物が安く買えた時に
起こる現象

ここでは所得と価格の変化が消費者の需要マインドを持ち上げる役割を
果たす、2つの効果について解説します。

普段食べているバナナの消費量が変わることなく、昇給して収入がアップしたとします。当然、ほかの果物、たとえばイチゴの消費量が増えるでしょう。**すると今度はバナナの消費量もまた増えていきます。** なぜなら、所得が変わると最も効率的な配分も変わるからです。所得の増加がもたらす、このような相乗的な消費の増大を経済学では「**所得効果**」と定義します。

相乗的な消費増大をもたらす「所得効果」

出世の階段を昇り、給与がアップしてイチゴも食べるようになると、結局バナナもたくさん食べるようになる

一方で収入がアップしなくても、バナナの価格が下がって、いつもより安く買えるなら、同様にバナナの消費量は増えます。イチゴを購入するより、バナナを購入するほうが相対的に得になるからです。これを「**代替効果**」といいます。**価格の下落は結果として所得の増加と同じ役割を果たします。**経済学では所得と価格の変化が消費者の需要に与える効果を、所得効果と代替効果という2つに分類します。

商品価格の変動で買う量が変わる「代替効果」

バナナの価格の下落によってお得感が増し、結果としてバナナをたくさん食べるようになる

※収入が増えなくても、相対的な物の価格が下がれば代替効果は表れる

経済学❶
11

安く買えるのに
買わないものもある

価格が高いほどよく売れる物がある一方、安くなっても売れなくなってしまう物もある。そんな消費動向の矛盾を経済学が分析します。

経済学では時に矛盾する消費動向に言及します。まず**ギッフェン財**です。これは**価格が上がると需要が増加し、価格が下がると需要が減少する財**を指します。仮に芋を主食とし、その値段が上がったとしましょう。すると他の食品を買う余力がなくなり、芋だけを購入せざるを得なくなります。逆に芋の値段が下落すると他の食品を購入する余力ができ、結果的に芋の需要が減少するということになります。

価格が下がると需要が減るギッフェン財

ヴェブレン財は所得が高い層になるほど需要が増大するものを指します。金利生活者などの富裕層が「目立つため」「見せびらかすため」に高額な商品を購入する現象に、アメリカの経済学者ヴェブレンが注目したことから、この名前が命名されました。それまで財の価格が下がれば需要は増すという原理は考えられていましたが、じつは**財の中には価格が高くても需要が増すものもあった**のです。

価格が高額なほど需要が増えるヴェブレン財

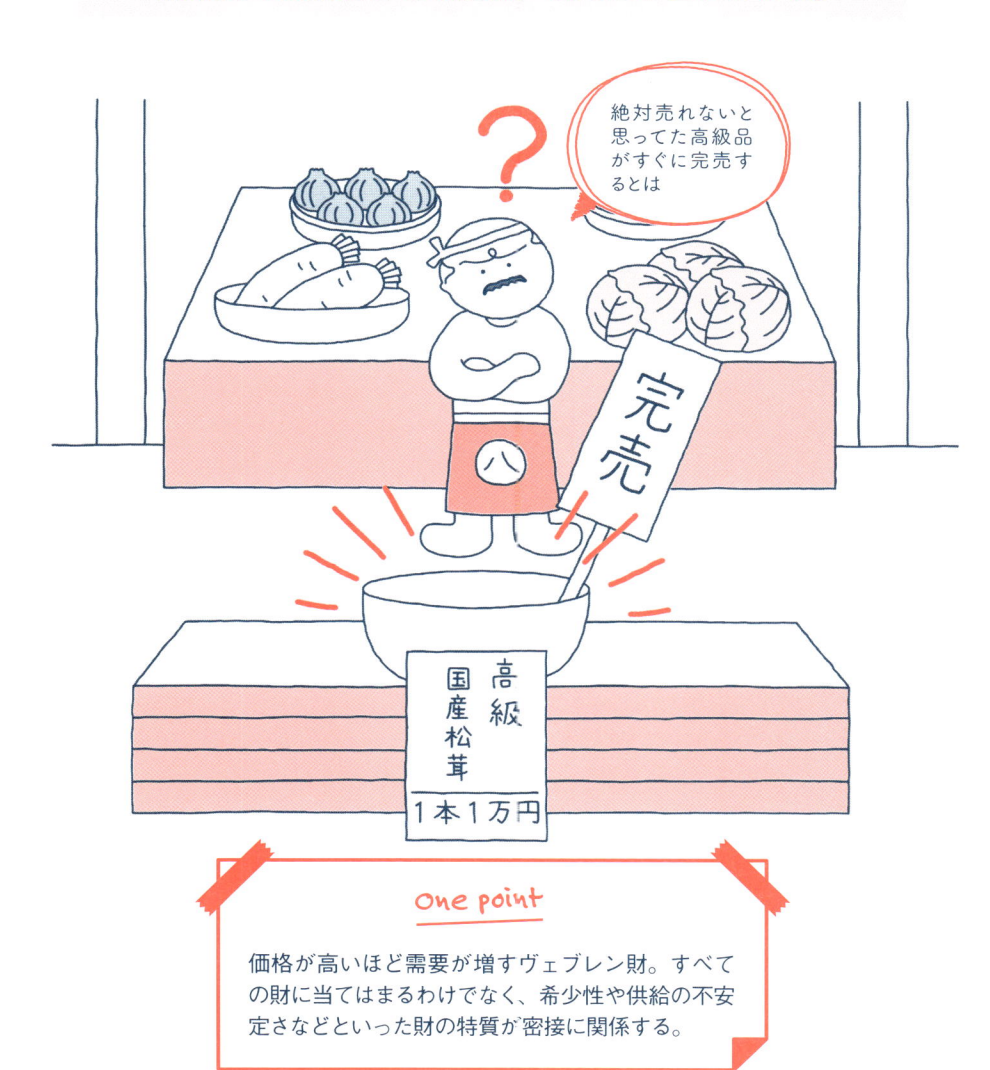

one point

価格が高いほど需要が増すヴェブレン財。すべての財に当てはまるわけでなく、希少性や供給の不安定さなどといった財の特質が密接に関係する。

経済学❶
12

「うれしさ」も 立派な経済学

需要と供給のバランスに基づく価格の決定には「うれしさ」も大きく関与。
消費者の財布の紐を緩めるか、固くするかを決定付けます。

消費者の経済的なうれしさを測る尺度が経済学にはあります。「**消費者余剰**」と呼ばれる定義です。たとえば、あなたが帽子を探していたとして、とある帽子屋でイメージ通りの物が売っていました。あなたはその帽子を買うために3万円を払ってもいいと思っていましたが、値札を確認すると売値はそれを遥かに下回る1万円でした。つまり、この**差額の2万円分の"うれしさ"**が消費者余剰です。

「消費者余剰」の考え方

帽子専門店 ハット

イメージぴったりの帽子を見つけたぞ。この帽子だったら3万円を支払ってもいい!

実際は1万円か。2万円分も得しちゃったよ

支払許容額の3万円から売値の1万円を差し引いた額が「消費者余剰」となる

ちなみに経済学において、消費者余剰は個人の消費者が得る余剰ではなく、消費者全体が得る余剰のことを指します。たとえば、4人の消費者が10000円の帽子を買おうとします。支払ってもいいと考えている額はそれぞれ違っていて、Aさんは20000円、Bさん15000円、Cさん13000円、Dさんは10000円でした。この**4人の消費者余剰を合計したもの**が、帽子市場全体の総消費者余剰となります。

「消費者余剰」は市場全体で測る

ミクロ経済学と
マクロ経済学の違い

　経済学には大きく分けて、ミクロ経済学とマクロ経済学という2つの分野があります。ミクロは微視的、マクロは巨視的という意味で、それぞれ分析対象の目的が違います。

　ミクロ経済学では、日々の生活の中で物価の変動などが企業や家庭の消費行動にどういった影響があるのか、ということを分析対象として扱います。それに対して、マクロ経済学ではインフレーションや失業、経済成長などの国民経済全体のデータを分析対象として扱っています。また、ミクロ経済学とマクロ経済学はお互いが補い合う関係にあり、マクロ的な分析を用いる場合であっても、ある程度ミクロ的な視点が必要となります。

　つまり、双方の視点があって初めて「経済学」という学問は成立します。それゆえ、どちらも頭に入れておく必要があるので、本書ではミクロ経済学とマクロ経済学の明確な線引きはしていません。

企業にまつわる経済学

営利を目的とし、一定の計画に従って経済活動を行っている企業。その企業が経済学とどのような結び付きをしているか考えます。

経済学❷
01

そもそも企業って何？

世の中を支え、世の中に支えられている企業は経済社会の基盤。企業が存在する最終的な目的とは何かを、経済学的見地から解説します。

経済社会の主体は、企業が一端を担っています。多くの方々は会社員として企業に雇用され、企業は土地や建物、機器や機械を購入したり、リースしたりして生産活動を行い、製品やサービスは企業間で取引され、経済全体が動いています。**企業がなければあらゆる生活インフラが成り立たず、世の中は混乱をきたす**でしょう。つまり、企業は経済活動の重要な役割を果たしているのです。

企業活動の意義

人材の雇用

生産活動

株式市場

取引

◉ **企業体を支えるのは 多くの人的資本**

人に支えられて経済活動を集団で行う企業は、同時に人を支えて成長していく。大規模であるからこそ長期的スパンで経営が成り立つ。

では**企業の目的・存在意義**とはなんでしょうか？　社会的貢献、経済の活性化、労働対価の還元、株主の利益確保など、さまざまな意見があると思いますが、根本にあるのはまぎれもなく「**長期的利潤の追求**」です。なぜなら継続的に利益を獲得できるからこそ、従業員の経済的な要求を叶えることができ、社会的な貢献や、株主の期待にも応えられるからです。

最終的な企業の目的とは？

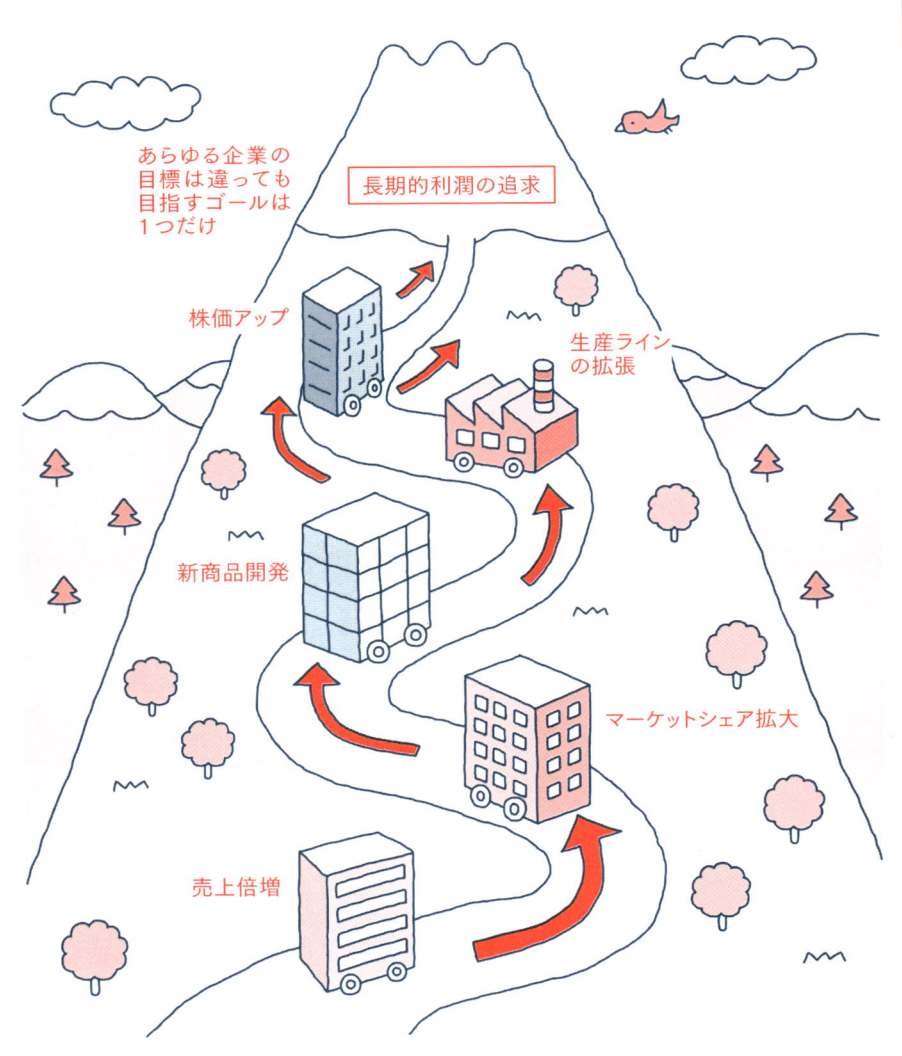

あらゆる企業の
目標は違っても
目指すゴールは
1つだけ

長期的利潤の追求

株価アップ

生産ライン
の拡張

新商品開発

マーケットシェア拡大

売上倍増

生産量と生産費用（コスト）の最適なバランスとは？

経済学②
02

最小限の費用で最大限の売上を目指すのが企業の命題ですが、社員の働かせ方次第では賃金だけが増大する結果になる場合もあります。

経済学では企業の活動を生産と費用という2つの観点から捉えます。労働力や資本といった生産に関わる要素と、生産物量との技術的な関係を表す「**生産関数**」は、興味深い分析を示しています。生産量を増大させるために、ある1つの生産要素を追加しても、初期段階ほど効率的な生産が行われなくなり、生産の拡大幅は次第に小さくなっていくのです。これを**限界生産力逓減の法則**といいます。

労働力の規模と生産効率が比例しない理由

ただやみくもに労働力を2人追加しても、生産数は3倍にはならない

それでも企業は、利潤（儲け）の最大化と、費用の最小化を目指し、生産量もまた最大化を図ります。しかし、**生産量が一定のレベルを超え、適切なキャパシティを上まわってしまうと効率が悪くなりコストが上がってしまいます**。そこで、生産をするのに必要な最低限の費用を表したものを**費用関数**といい、それを曲線として表したものを**費用曲線**といいます。

仕事時間と生産性は比例しない「費用曲線」の一例

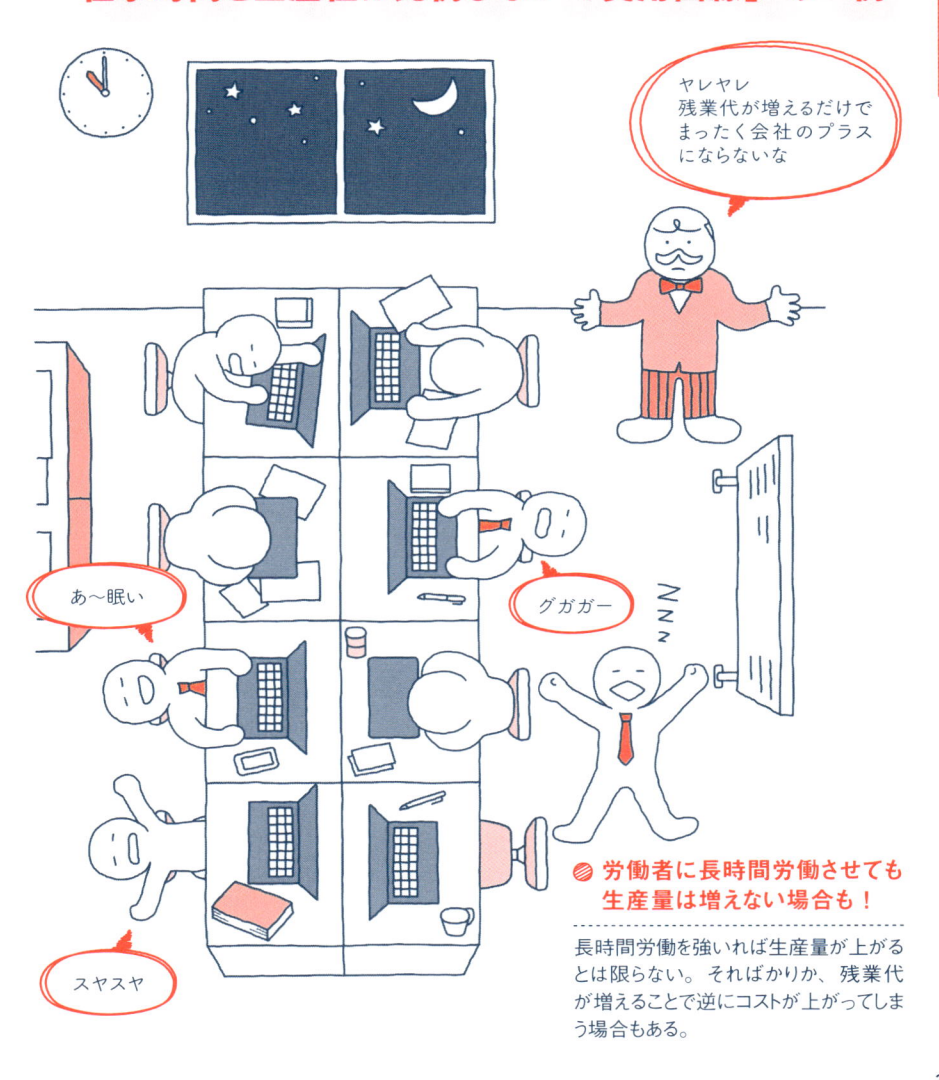

◉ **労働者に長時間労働させても生産量は増えない場合も！**

長時間労働を強いれば生産量が上がるとは限らない。そればかりか、残業代が増えることで逆にコストが上がってしまう場合もある。

経済学②
03
給与はどう決められているの？

生産量で変化する利益をコスト管理でコントロールし、最大限に高めることが重要です。そうしなければ社員の給与は上がりません。

ここでは企業がどのように**利益の最大化**を実現するかについて解説します。売上額、すなわち販売収入は、生産量×市場価格で決定されます。そして商品1個あたりの生産費は、その商品をいくつ生産するかによって変わります。よって企業は、売上額から総生産費用を差し引いた利益幅が最も高い生産量を見極めなければなりません。

企業の販売収入の利益構造

なお、利益幅が最も高い生産量を見極めるには、企業は**限界収入と限界費用**の関係をきちんと把握する必要があります。**限界収入は商品を1生産した時に得られる収入を指し、限界費用は商品を1生産した時にかかる費用**を指します。限界収入よりも限界費用のほうが大きいと、生産するたびに損が発生することになります。生産量を増やせばいいというわけではありません。

「限界費用」のイメージ

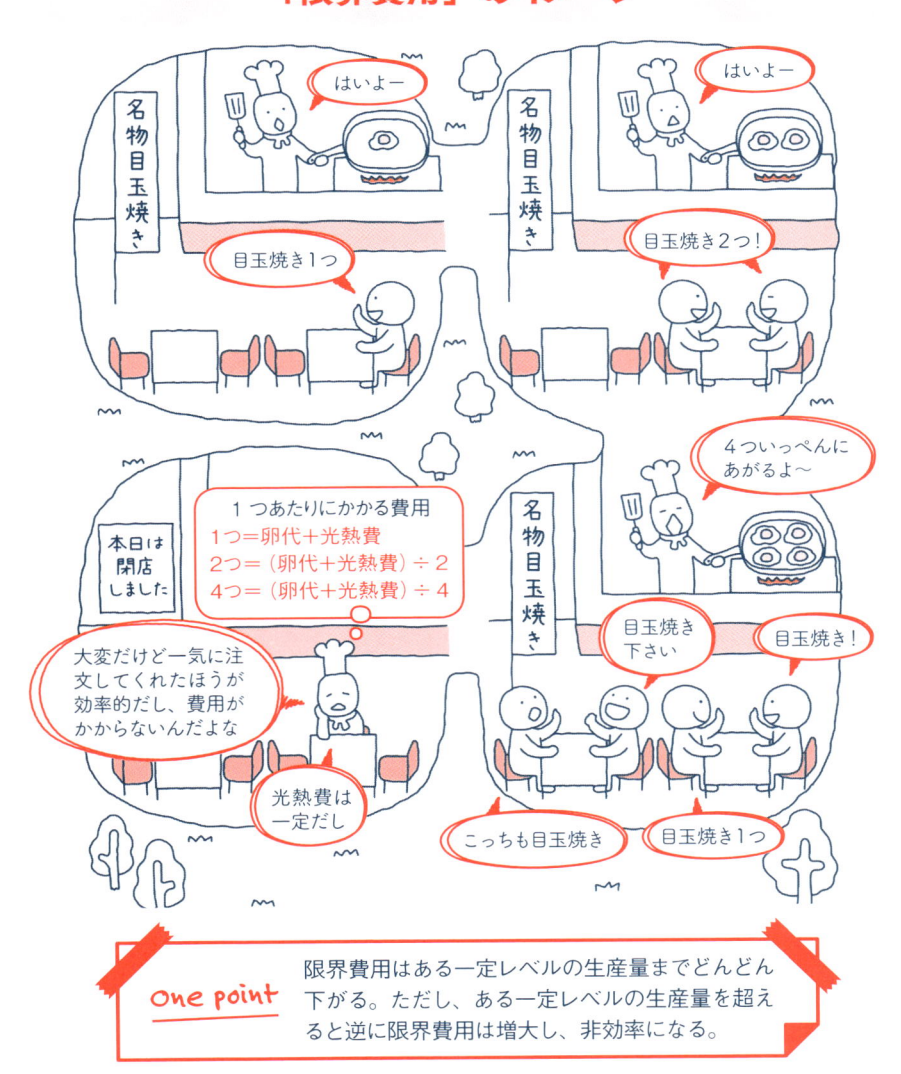

経済学②
04

商売って
誰でも参入できるの？①

経済学における市場の理想は、誰もが売買取引を行える自由な環境を備えていること。その理由は資源や財の効率的な利用を促すからです。

売り手と買い手が多数存在し、つねに互いが競争関係にあり、需要と供給のバランスで決まる価格によって売買が成立する市場のことを**完全競争市場**といいます。完全競争市場が成立するためには、**市場に多数の参加者がいること、商品の質が同じであること、商品に関する情報を参加者が持っていること、誰もが商売に参入・退出できる自由があること**、という4条件を満たす必要があります。

完全競争市場の4条件

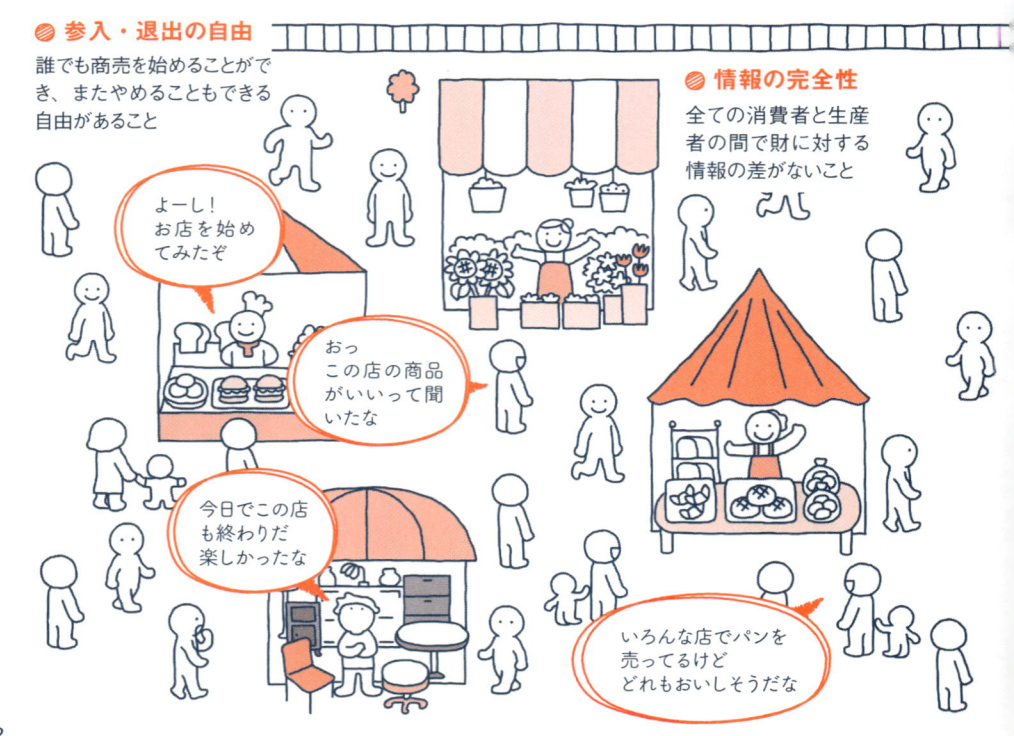

◎ **参入・退出の自由**
誰でも商売を始めることができ、またやめることもできる自由があること

◎ **情報の完全性**
全ての消費者と生産者の間で財に対する情報の差がないこと

よーし！
お店を始めてみたぞ

おっ
この店の商品がいいって聞いたな

今日でこの店も終わりだ
楽しかったな

いろんな店でパンを売ってるけど
どれもおいしそうだな

このような条件下であれば、たとえばある売り手がコーヒーの価格を引き上げれば、買い手はその店で購入せず、より安い店を探すでしょう。また、ある買い手が安い価格でリンゴを買おうとしても、その売り手は別のお客を見つけて定価で販売することができます。つまり、**売り手と買い手が多数いることで、お互いにフェアな取引が可能になる**のです。それが完全競争市場です。

One point

「完全競争」の仮定定義を外すと、各個人の行動が「価格」に対する支配力を持つことになります。これは独占状態など、アンフェアな「不完全競争」市場にあたります。

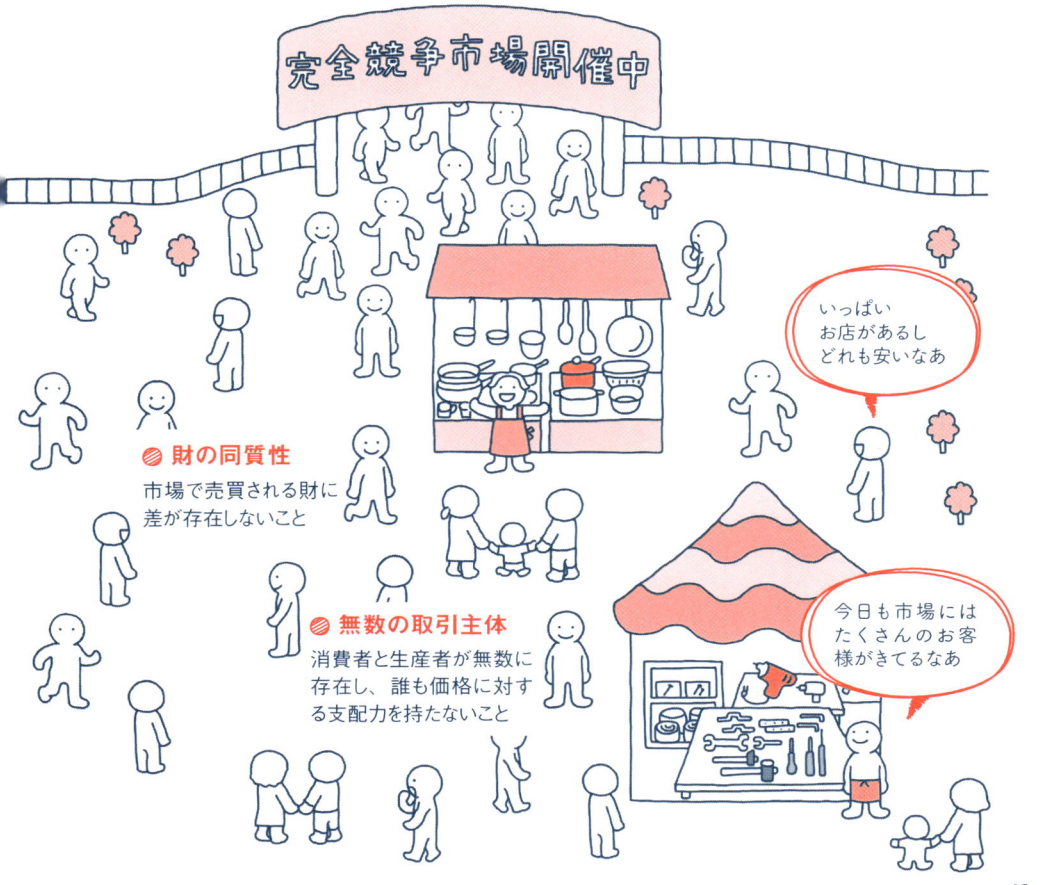

経済学❷
05

商売って
誰でも参入できるの？②

1社あるいは少数の企業に支配され、市場経済の公正なメカニズムが機能しなくなる状況があります。これを独占、または寡占といいます。

完全競争市場の対極となる市場が存在します。独占市場です。ある財を供給している企業が、その市場で1社しかない状態を指します。他に競合企業が存在しないため、**独占企業**は自由に販売価格をコントロールできる「価格支配力」を備え、利益を最大化することが可能になります。よって独占市場では**価格設定が高めとなるうえ、競合間の競争原理が働かないことで、生産量は低くなりがち**です。

独占企業と寡占企業

独占企業

特定の市場に1社のみ存在して「価格支配力」を持つ。競合相手がいないので大儲けすることができるが、消費者には望ましくない状態

この島で
商売したいけど
無理そうだな

また、少数の企業が市場において「価格支配力」を持っている状態を「寡占」といいます。**寡占企業**同士には戦略的な相互作用が働きます。なぜなら価格設定や生産量を決定する際、**相手側がどう反応するかを考えなければならない**からです。いずれにせよ独占や寡占が進むと、さまざまな問題が起こります。価格の高騰や品質の低下、さらにはその市場へ他企業が自由に参入できない障壁が生まれてしまいます。

寡占企業

特定の市場に少数の企業が限定で存在し、独占企業と同じく「価格支配力」を持つ。互いがライバルの関係で厳しい価格・品質競争を繰り広げる

この島も新たにビジネスできそうにないぞ

one point

独占状態が続くと、価格の決定において不平等な不文律が生じるため、個人的な独占、不公正な取引を規制する「独占禁止法」ができた。

経済学❷
06

価格って
誰が決めているの？

完全競争市場においては誰も価格をコントロールできません。市場経済がおのずと両者の効用と利益の最大化を導き出すのです。

完全競争市場では需要と供給のバランスによって価格が決まると触れました。ここでもう少し詳しく解説しましょう。生産者側の供給曲線と消費者側の需要曲線があるとします。供給曲線は価格が上昇するにつれて供給量が増大する右上がりの線を描きます。対して需要曲線は価格が低下するにつれて供給量が増大する右下がりの線を描きます。**2つの曲線は1点で交わります**。これが市場均衡点です。

価格調整が崩れるとどうなるか？

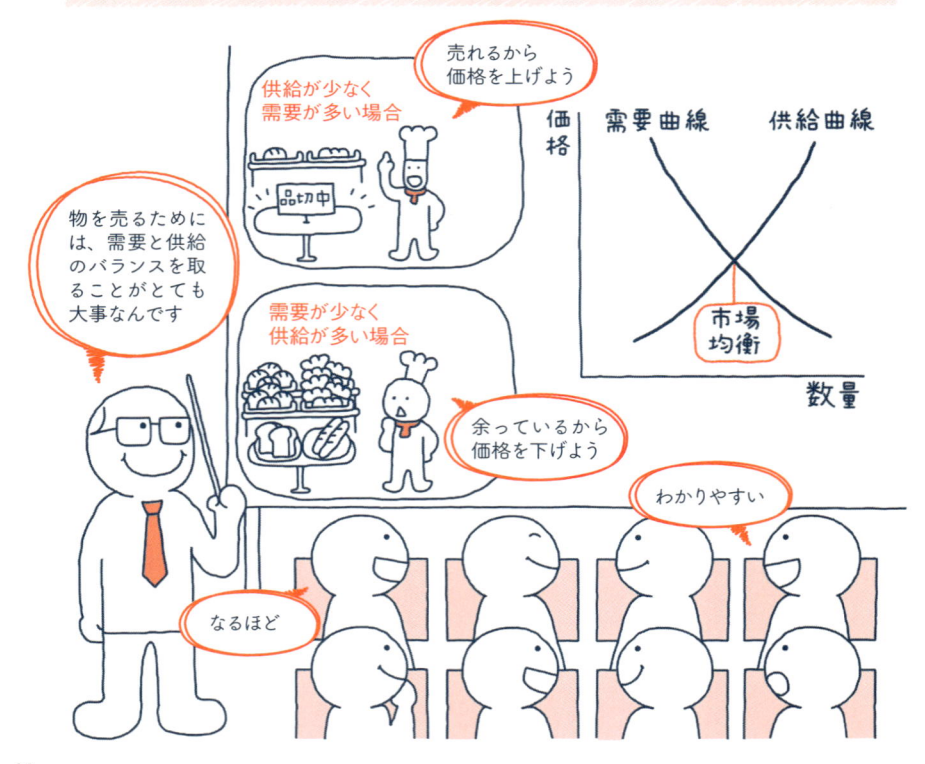

市場均衡点は「消費者が効用を最大化する需要量」と、「企業側が利益を最大化する供給量」が一致する箇所であり、市場で**価格調整**されます。各経済主体は自分自身の**需要量や供給量が変化しようが市場価格には影響を与えないことを前提**に、それぞれ最適な計画を立てることになります。このように市場で決まった価格を受け入れるしかない経済主体を「**プライステイカー**」と呼びます。

「プライステイカー」（価格受容者）の図

客も店も誰も市場価格はコントロールできない

● **市場による価格調整は こうして起こる**

市場規模に対して買い手も売り手も小さいため、買い値も売値も希望価格を作れず、市場水準に従うしかない。

経済学②
07

なんで市場に1つしか ない企業があるの？

膨大な初期投資を必要とする事業は、生産量を増大させることで費用を下げ、利益を生み出します。これを「規模の経済」と呼びます。

たとえば自動車メーカーは、商品である車輛を生産するために、機械や工場に対して**膨大な初期投資をしなければなりません**。生産ラインを稼働させるには専門知識を備えた技術者や労働者を多数雇用する必要があります。多額の費用がかかりますが、産出量を増やしていくと車1台当たりの平均生産費用が減少し、収益性が向上します。この現象を「**規模の経済**」といいます。

自動車産業で見る規模の経済

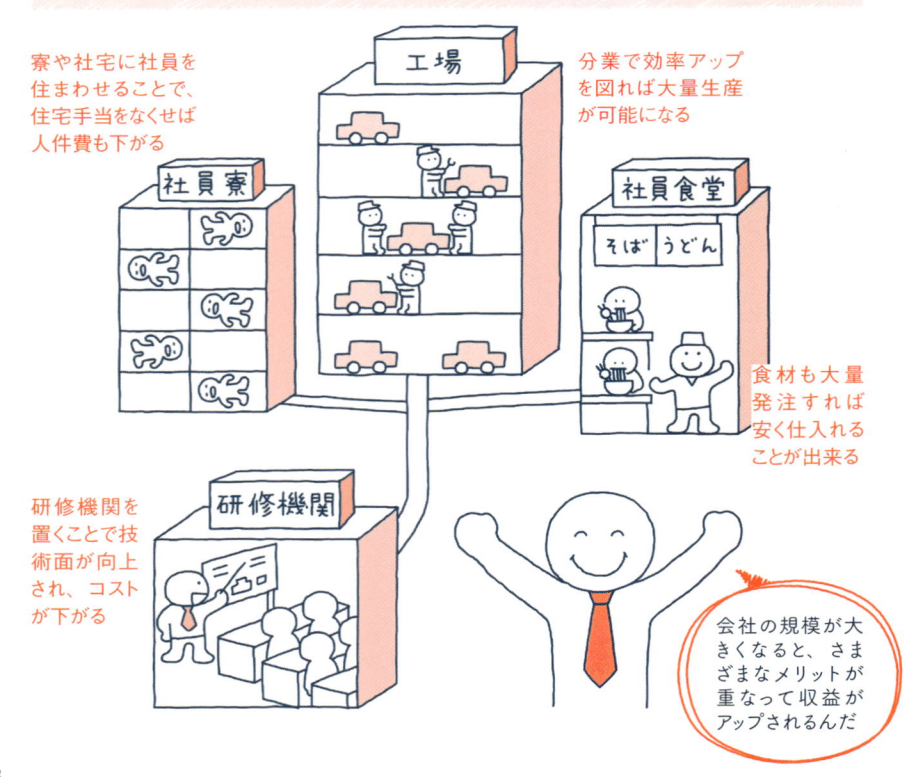

寮や社宅に社員を住まわせることで、住宅手当をなくせば人件費も下がる

分業で効率アップを図れば大量生産が可能になる

食材も大量発注すれば安く仕入れることが出来る

研修機関を置くことで技術面が向上され、コストが下がる

会社の規模が大きくなると、さまざまなメリットが重なって収益がアップされるんだ

さらに規模の経済が働くと「**自然独占**」になります。電力やガスが一例です。電気事業は発電所の建設以外に、送電網を全域へ張り巡らせるなど、莫大な初期投資を要します。送電量が増えるほど平均費用は下がります。つまり複数の企業が各々に送電網を配備して営むより、**1 社に集約して運営したほうが効率性が上がります。**このような経済学的理由から、市場で 1 つしか存在しない企業が生まれるのです。

自然独占は 1 社だけの座に

● **悪質な独占を行った場合**
独占禁止法で規制の対象に

独占企業になると立場を利用して価格を吊り上げることもあり、法律によって規制することがある。

独占企業は価格を つけ放題？

1社で市場を牛耳る「独占企業」は競争相手がいません。よって自社商品の価格は自在に操作できますが、それには生産量が関係します。

市場で特定の製品やサービスの製造や販売を1社で行っている会社を「独占企業」と呼びます。いわば前出の完全競争市場とは正反対の市場です。完全競争企業がプライステイカーであるのに対し、独占企業は競合他社が不在のため、**自社商品の販売価格を自在にコントロール**できます。つまり独占企業であれば生産水準を抑制すれば、その分だけ価格を上昇させて利益を得ることが可能なのです。

独占企業は販売価格を自在にコントロール

このように価格支配力を持っている独占企業を「**プライスメーカー**」（価格設定者）と呼びます。とはいえ、価格だけをやみくもに操作しては消費者の需要がついてきません。そのため独占企業は**生産量を調整することで設定価格を変動**させます。価格を上げる場合は生産量を抑え、生産量を増やす場合は価格を下げることで需給バランスを取るのです。

「プライスメーカー」は販売量で需給を調整

経済学②
09

寡占業界って どんな企業がある？

市場を少数の企業によって支配される「寡占」。身の回りをよく観察すると、意外に多いことに気付かされることでしょう。

「独占」が市場の1社1人占めなら、「寡占」は少数に限定された企業が市場を支配する状態を指します。寡占の中でも、特に企業数が **2社に絞られている場合は「複占」と呼びます**。寡占市場では競合同士での価格競争が生じます。そして寡占市場で取引される製品やサービスには、作り手が違っても質に違いが出ない「**同質財**」と、作り手によって質に違いが生じる「**差別財**」の2つのケースがあります。

寡占業界における「同質財」と「差別財」の消費者心理

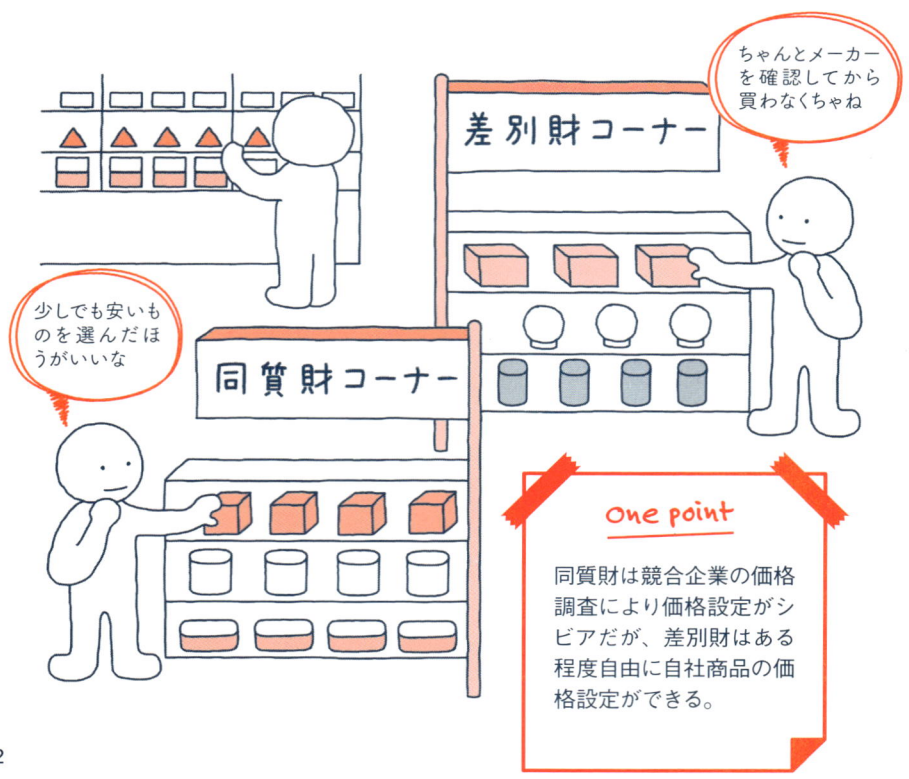

ちゃんとメーカーを確認してから買わなくちゃね

差別財コーナー

少しでも安いものを選んだほうがいいな

同質財コーナー

one point

同質財は競合企業の価格調査により価格設定がシビアだが、差別財はある程度自由に自社商品の価格設定ができる。

企業に販売される財には同質財が、消費者に販売される財には差別財が多い傾向があります。また消費者は、同質財なら安価な商品を、差別財ならメーカーにこだわって選びます。じつは、寡占業界は世界中に存在します。家庭用ゲーム機、旅客機、携帯電話、ビール、警備保障、自動車などです。これらは**少数の大企業が市場を支配しながら、相互に競争している市場構造**になっています。

ポピュラーな寡占企業のシェア率

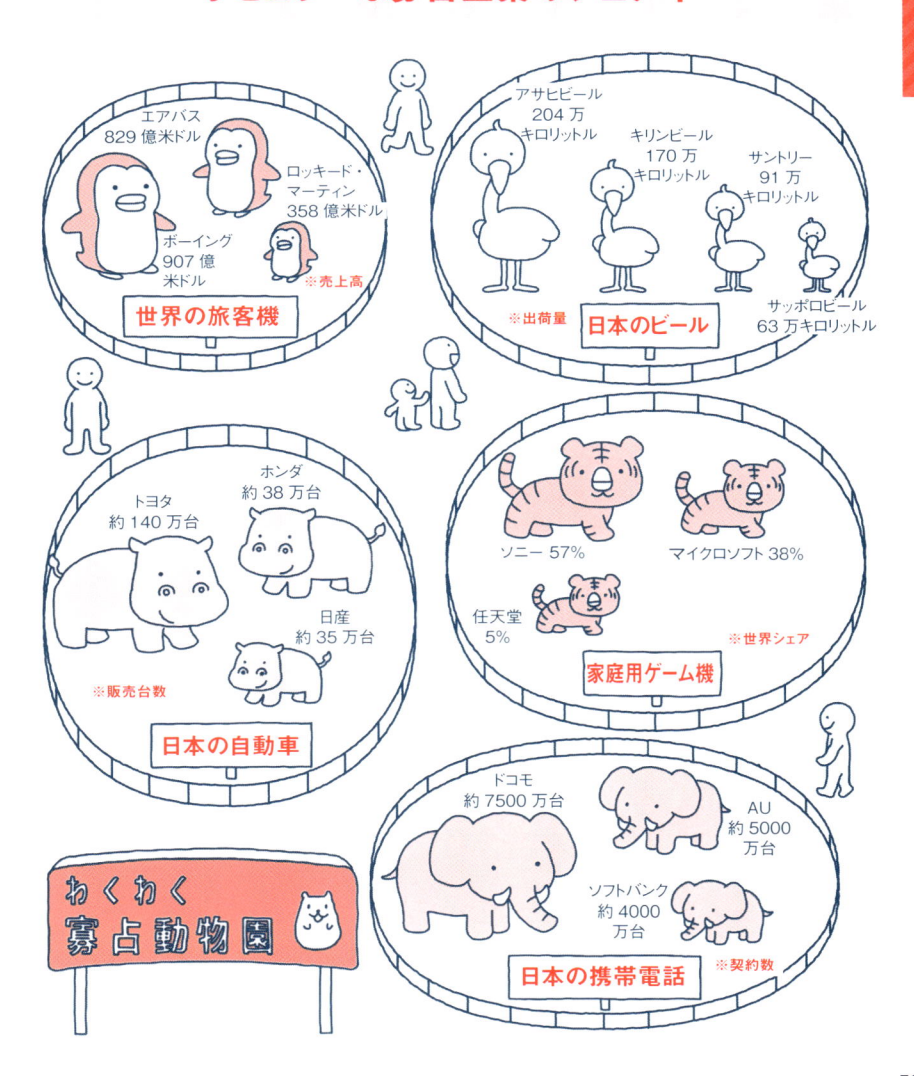

世界の旅客機
エアバス 829 億米ドル
ロッキード・マーティン 358 億米ドル
ボーイング 907 億米ドル
※売上高

日本のビール
アサヒビール 204 万キロリットル
キリンビール 170 万キロリットル
サントリー 91 万キロリットル
サッポロビール 63 万キロリットル
※出荷量

日本の自動車
トヨタ 約 140 万台
ホンダ 約 38 万台
日産 約 35 万台
※販売台数

家庭用ゲーム機
ソニー 57%
マイクロソフト 38%
任天堂 5%
※世界シェア

日本の携帯電話
ドコモ 約 7500 万台
AU 約 5000 万台
ソフトバンク 約 4000 万台
※契約数

わくわく寡占動物園

経済学②

10

寡占業界はゲームの ようなもの？

数社で競い合う寡占業界の企業は「ゲーム理論」を展開しながら、相手の次の一手を読み、さらに攻めの一手を講じて駆け引きします。

「**ゲーム理論**」とは、相手プレーヤー（ライバル）が自分の行動にどういう対応をしてくるかを予想したうえで、**どうすると自分は一番得をするかを考える**というもの。ミクロ経済学をメインとして、経済現象を解明するための分析ツールの1つです。1つの市場で数社がしのぎを削る寡占業界は、まさにゲーム理論を地で行き、各社による巧みな戦略の応酬が展開されます。

寡占状態の「ゲーム理論」展開

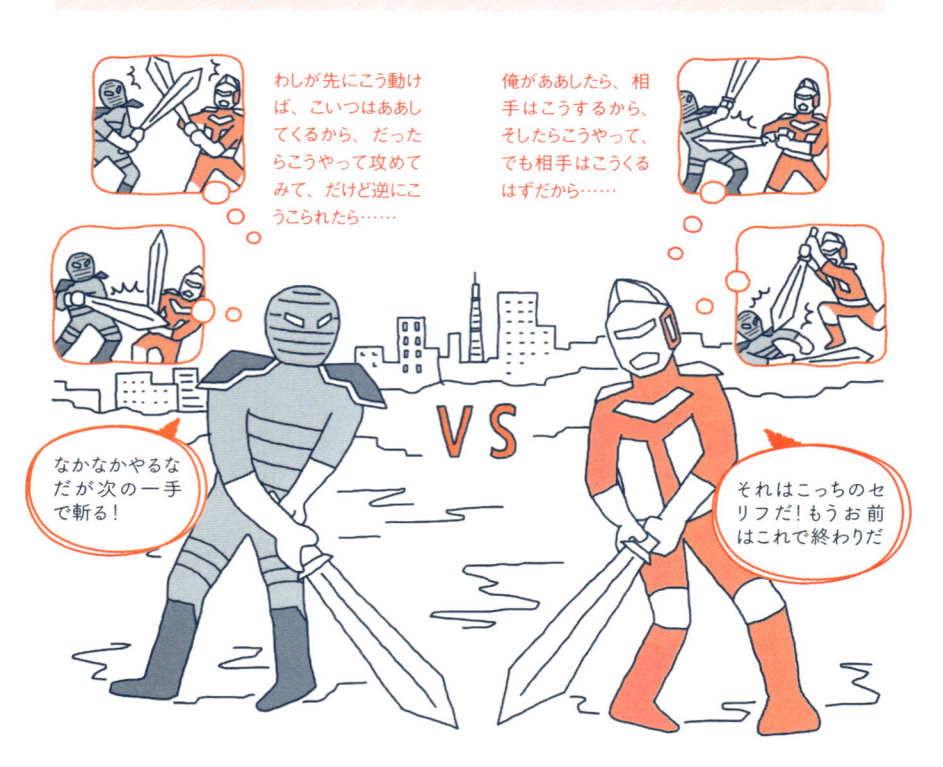

なぜなら自社商品を生産販売する際、他社の価格や生産量、品質を綿密に分析して作戦を立てるからです。その一方、各企業が価格などを共同で取り決める行為、すなわちカルテル（※ P60）を画策しても、一社が抜け駆けして裏をかいた作戦を講じてくるかもしれません。ただし、寡占業界では、**相手も自分も最適な戦略をしている時**だってあります。その硬直している状態を「**ナッシュ均衡**」と呼びます。

「ナッシュ均衡」に見るビジネスシーン

経済学❷
11

寡占業界は
なぜ協力しないの？

寡占市場の企業の考えを囚人にたとえて解説することができます。駆け引きの先にある結論は、じつに奥深い人間心理を表しています。

前述の「ゲーム理論」の有名な話に「**囚人のジレンマ**」というストーリーがあるのをご存知でしょうか。寡占市場における企業の考えと行動を考えるうえでとても参考になるので解説します。ちなみにジレンマとは板挟み状態になるという意味。さて話の筋ですが、親友の2人がある犯罪の嫌疑をかけられ、それぞれ別室で警察の取り調べを受けているというシーンから始まります。

「囚人のジレンマ」にたとえる寡占業界の2社

2人は自白を迫られます。「本来ならばお前らは懲役5年。ただ、お前の連れがやったといえば、あいつだけ懲役10年にしてお前は無罪だ」と警察はささやきます。さらに、「お互いが黙秘すれば懲役2年、お互いがやったといえば当然、懲役5年だ」とつけ加えました。本来なら2人が協力して黙秘すべきですが、**自白したほうが利益になるため、「お互いに裏切る」という結末を迎えます。**

One point

寮占企業は警察の取り調べ室にたとえられる。この「囚人のジレンマ」では、各々が合理的に行動しようとすることで、両者にとって望ましい結果を逃してしまうといこと。つまり、この場合はお互いに「非協力」を選択する。

経済学②
12

競争相手が同じだと
手を組みやすい？

「1回限り」と「繰り返し」では、競争相手に対する思考に変化が。どっちがプラスになるかを長期的に読もうとする力が働きます。

前出の「囚人のジレンマ」ですが、この話には大前提があります。それはこのゲーム（取引）が1回限りであるということ。何度も繰り返すゲームであれば、プレーヤーの戦略に変化が生じないか、ここで考えてみましょう。1回限りのゲームと繰り返しのゲームの最大の違いは、将来予測が必要かということ。後者であれば**今後の損失を回避し、長期間で大きな利益を得ようとする戦略**が芽生えます。

一回限りの囚人のジレンマ的「ナッシュ均衡」

イヒヒヒヒヒ
一度きりの戦いなら
反則技でも勝ちは勝ち

凶器を使うのは卑怯だぞ！
そういうつもりなら
こっちだって

裏切り戦略でネガティブな思考に

なぜなら、長期的関係を守ることで将来の大きな利益が期待できるなら、相手の裏をかく戦略的行動より、**互いに協力する長期的関係を守るほうが合理的**であると考えるからです。よって協力戦略がナッシュ均衡になる可能性が高まります。これが「**フォーク定理**」と呼ばれる命題です。ゲーム相手が固定され、長期的関係を継続する前提で戦略を考える場合、「互いに協力する」という選択がベストになります。

繰り返しゲームで協力が生じる「フォーク定理」

明日も対戦するし
フェアプレーで
波風たてないよう
にしよう

これから何度も
戦う相手だから
協力的な試合運び
にしよう

将来的な利得を考える合理的な思考に

one point

長期的には相手と協力したほうが得をする、という「フォーク定理」的考え方は、閉鎖的な業界では時に悪い方向で現れることもある。

経済学❷ 13

カルテルって どういうこと？

熾烈な価格競争や駆け引きを逃れて利益を独占するため、寡占企業間による謀略が画策されることがあります。しかし、その結末は……。

数社が市場の利益を独占する寡占企業間では、しばしば「**カルテル**」という談合が図られます。典型的なパターンは、商品の価格を横並びに高額設定したり、意図的にその生産量を抑えて高い値段を維持するといったものです。無論、損を被るのは消費者です。そればかりか社会全体の経済活性を妨げられるため、弊害は計り知れません。**カルテルは法律でも厳しく禁じられ、犯罪として重く罰せられます。**

「カルテル」は寡占企業間で図られる談合

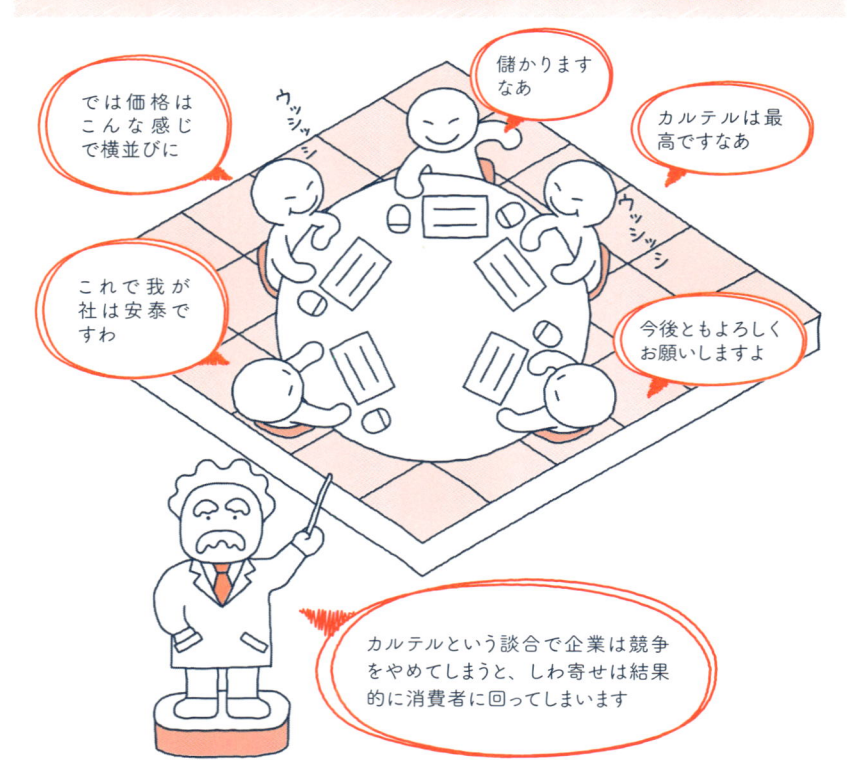

寡占企業間で価格や生産量を合意形成できれば、非常に高い独占利益が得られます。価格競争や値下げ合戦の消耗から解放されるため、カルテルへの誘因はつねに働きます。その一方で、カルテルは一律で高い価格設定だけに、他社を出し抜いて少し値下げすれば自社だけ大きな利益をあげられます。とはいえ、企業間のカルテルは**「繰り返し」の取引ゆえに、出し抜いたりすることは少ないのです。**

もしも「非協力」をすると手痛いしっぺ返しが……

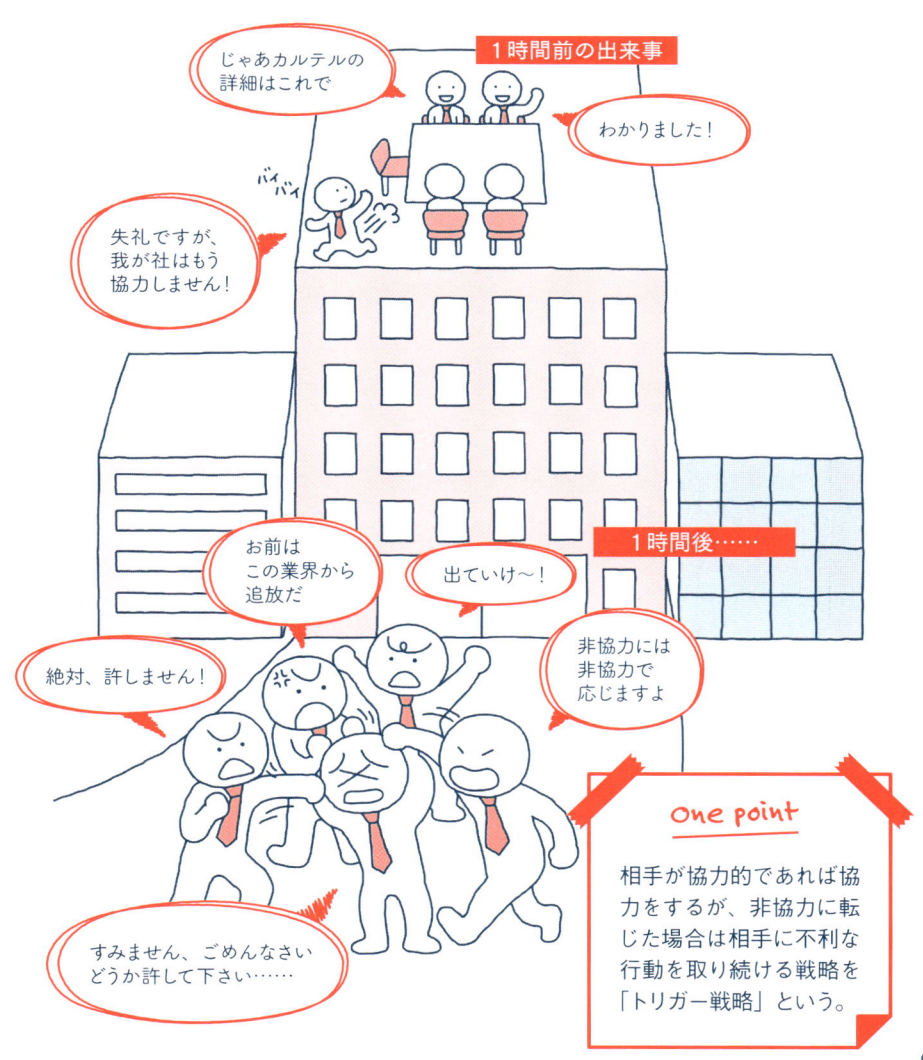

column no.02

新古典派と
ケインズ派って何?

　経済学の学派の対立軸が最もはっきりしているのが、「新古典派」と「ケインズ派」です。新古典派は、古典派（18〜19世紀の古い経済学）の流れをくむ学派。一方のケインズ派は、1930年代の大恐慌を説明できなかった新古典派の前身である古典派を批判し、新たな理論を打ち出した学派です。この2つの学派の大きな違いは、不況時に政府が景気対策を打つべきかどうかという点です。

　新古典派が不況時の大量失業を説明できない一方で、ケインズ派の景気対策に効果があるとは限らないため、現在でもこの論争に決着がついていません。また、新古典派は主にミクロ経済学を対象としているのに対し、ケインズ派はマクロ経済学を対象にしているなど、分析対象にも大きな違いがあります。

　ちなみに近年では、新古典派が圧倒的な影響力を持っていますが、2008年秋以降からは世界同時不況の影響を受け、ケインズ派がふたたび注目されています。

ケインズ

レオン・ワルラス
（新古典派）

市場にまつわる
経済学

毎日多くの商品が取引されている市場。経済学は古くから市場に注目し、研究がなされています。一体どのようなものでしょうか？

経済学❸
01 そもそも市場って何？

経済社会をつかさどる「市場」とは、誰がどのようにして操作しているのでしょうか？　著名な経済学者が18世紀に解明しています。

18世紀の経済学者にして哲学者、アダム・スミスは述べました。国を豊かにするためには、国の統制を排除し、個人の自由な活動を許すことこそが市場のメカニズムを均衡させ、経済発展をもたらすであろう、と。そうして彼は自由な経済活動を強く主張します。当時の英国は特権階級だけが潤う社会構造から脱皮し、**産業革命によってブルジョアジー（資本家階級）が台頭する近代資本主義への転換期**でした。

市場は〝神の見えざる手〟によって動いている

彼が著書『国富論』の中で、「市場」とは消費者と生産者が自分の利益を追求して行動すれば、やがて自然に均衡して適正価格が形成されるとし、そのメカニズムを**"神の見えざる手"**と表現したことはあまりに有名です。つまり市場というのは、人々の利己心に基づいた貪欲な行動に任せるだけで成立するばかりか、結果として**経済社会全体の利益につながっていくこと**を予見したのでした。

経済学❸
02 市場のベストな状態とは？

市場の資源がいかに効率的に有効利用されているか、その状態を探る定義「パレート最適」が経済学にはあります。

経済学的には、得られた結果がどれだけ望ましいかを測る基準の定義があります。それを「**パレート最適**」といい、資源配分において、片方の効用を下げなければもう片方の効用を高めることが出来ない状態を指します。つまり全体として効用の最大化が図れていることを示唆しています。市場でいえば、**売り手と買い手が最も適切な量の生産や消費を行う状態**です。

ベストな配分であることを表す「パレート最適」

誰もが満足している最適な状態

たとえば A 君と B 君がいて、A 君はリンゴとオレンジを 2 個ずつ持っています。彼はリンゴは好きですがオレンジは好きでも嫌いでもありません。B 君はリンゴを 2 個持っていて、リンゴとオレンジの両方とも好きです。A 君が B 君にオレンジをプレゼントすると、B 君の状態は改善しますが A 君の状態は悪化しません。これがパレート最適です。**元の配分は「パレート最適」ではなかった**ことになります。

市場の状態を 2 人の効用でたとえた場合

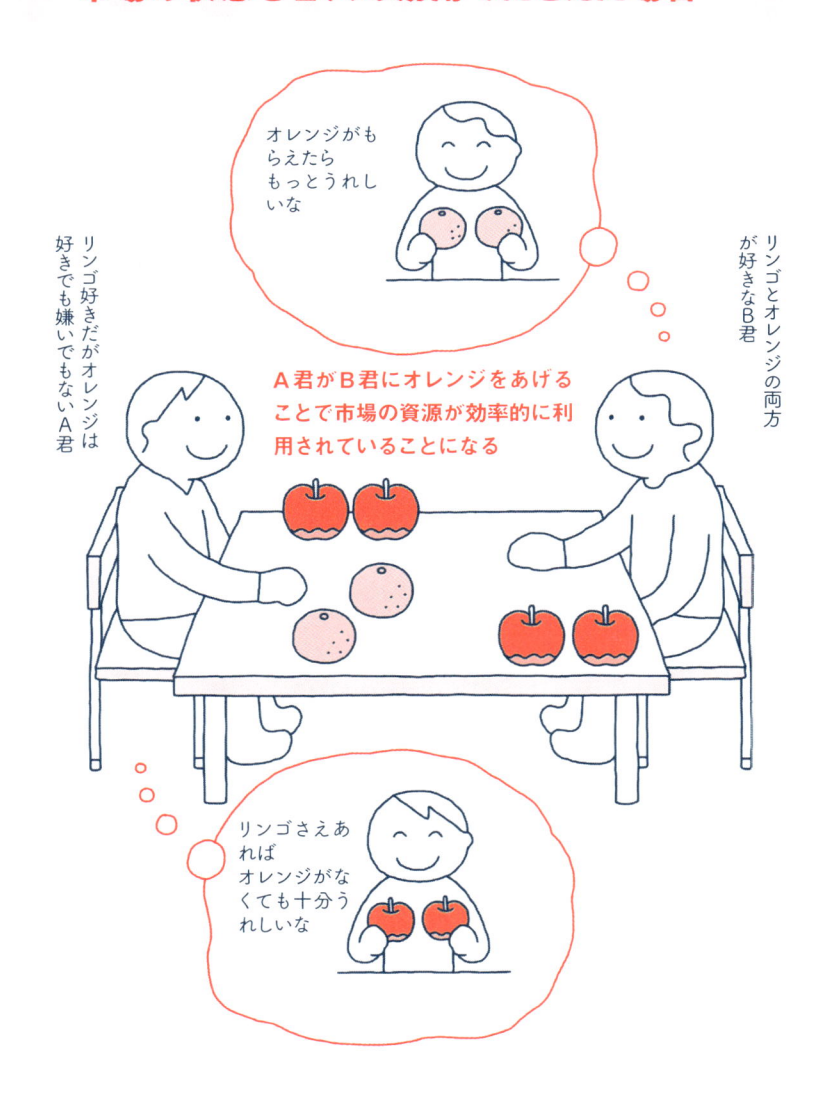

オレンジがもらえたらもっとうれしいな

リンゴとオレンジの両方が好きな B 君

リンゴ好きだがオレンジは好きでも嫌いでもない A 君

A 君が B 君にオレンジをあげることで市場の資源が効率的に利用されていることになる

リンゴさえあればオレンジがなくても十分うれしいな

経済学❸
03
市場とは
つねに不安定なもの①

経済社会の核となる市場ですが、じつは不安定で不完全な側面を持ち合わせています。失敗を引き起こす原因を考えてみましょう。

市場は一定の条件下で効率的な財の配分ができる一方、条件が揃わなければうまく機能しないことがあります。買い手も売り手も、市場における財の価格を左右することはできません。けれども競争が欠落してしまうとどうでしょうか。仮に独占企業や寡占企業が価格を吊り上げ、生産量を減らせば、そこに**非効率が生まれます**。それを「**市場の失敗**」と呼びます。

市場はいつも綱渡りで失敗のリスクを持つ

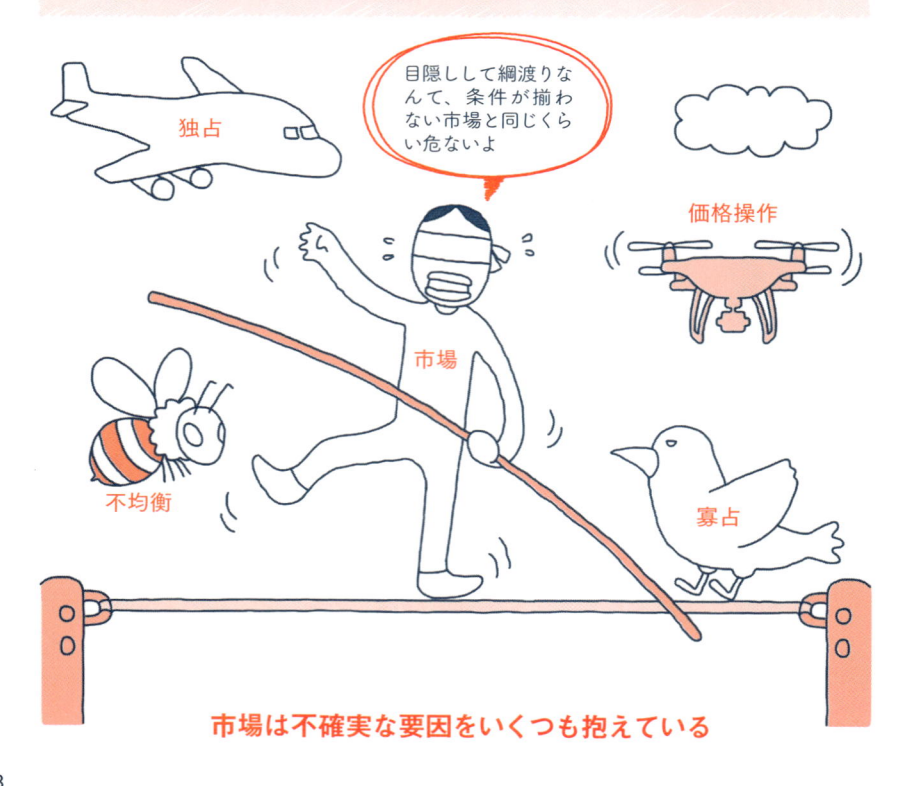

独占

目隠しして綱渡りなんて、条件が揃わない市場と同じくらい危ないよ

価格操作

市場

不均衡

寡占

市場は不確実な要因をいくつも抱えている

市場の失敗は他にもあります。経済活動における「**外部性**」です。仮に川の上流に工場があり、川へ化学物質を流したとします。本来は工場がコストを払って海をきれいにしなければなりません。でも工場はそのコストを負担せずに済み、本来より安くたくさん製品を作れてしまうのです。**本来負担すべきコストを負担しないために、社会全体で見た「最適な生産量」ではなくなってしまう**のです。

公害は「外部性」の代表格

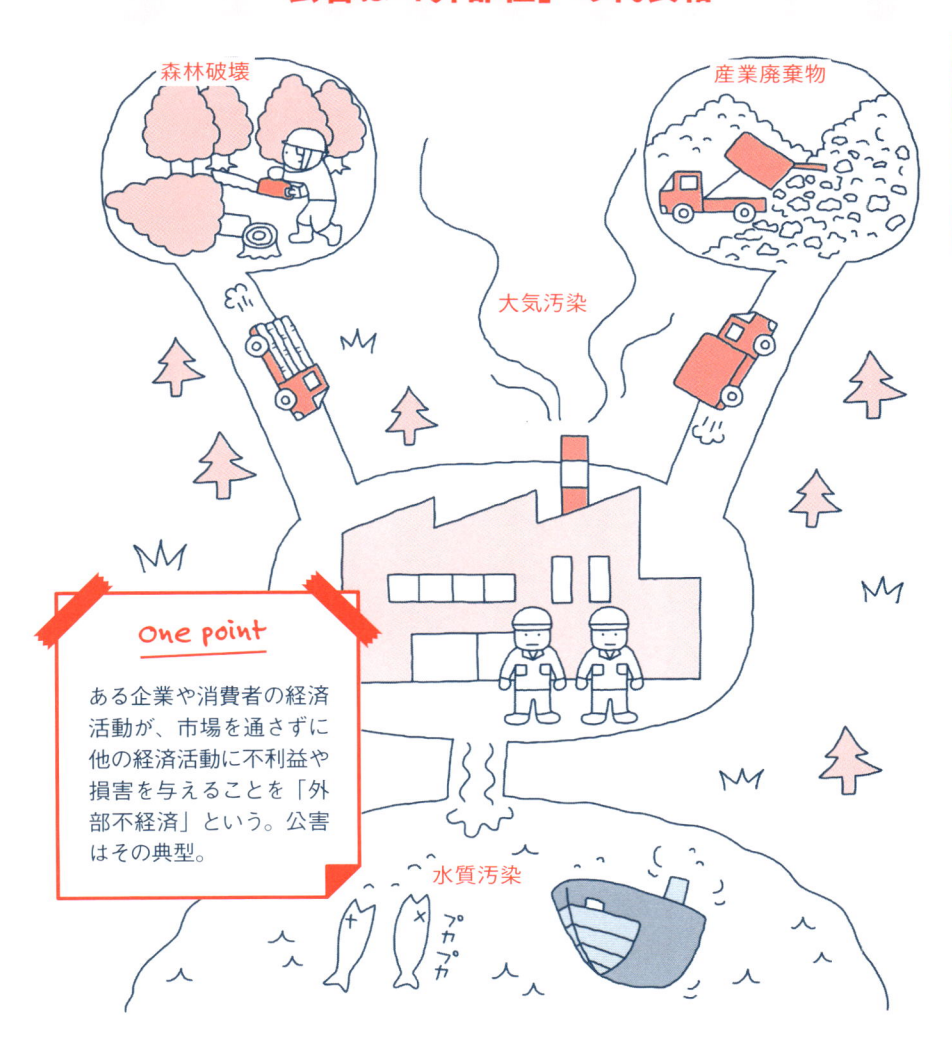

森林破壊

産業廃棄物

大気汚染

one point

ある企業や消費者の経済活動が、市場を通さずに他の経済活動に不利益や損害を与えることを「外部不経済」という。公害はその典型。

水質汚染

プカプカ

市場とは
つねに不安定なもの②

市場経済の敵は一般民衆であったり、企業であったりする場合もあります。
各自の認識が甘くなると、災いがもたらされるのです。

「**共有地の悲劇**」というのをご存知でしょうか。羊飼いの村人からすれば牧草は
村の共有財産ですが、いくらでも使えるタダの資源に見えます。そのため乱獲がお
きやすく、やがて牧草がなくなってしまいます。**誰もが無作為に浪費してしまえば、
いずれ市場が破綻の危機に直面するリスクがある**のです。

「共有地の悲劇」はこうして起こる

◉ 無計画な市場経済は破綻してしまう

資源というものは、無限ではなく有限なので、いつかは枯渇してしまう。また、計画も立てず無計画
に浪費すると市場は壊れてしまう。これを「共有地の悲劇」という。

「**モラル・ハザード**」（道徳的危険）も市場において危うい存在です。たとえば火災保険に加入したからといって、火の扱いを軽視したり、失火などの不注意な行動を取ってはいけません。大規模火災が発生すれば保険料の上昇という形で加入者全員に跳ね返ってきます。**大手金融機関や大企業は政府が救済するという認識**もモラル・ハザードの一種。このような誤認は市場を不確実なほうへ向かわせます。

市場経済を脅かすモラル・ハザードの一例

◉ 大企業の失敗のツケは市民が被っている

大企業は助けられても支援しているお金は税金。つまり、市民が犠牲になっているという現実がある。

経済学③
05

市場の不安定は克服できる？

経済市場に起こり得る失敗を、当事者同士の自主性で解決できるという、経済学者の理論があります。それが「コースの定理」です。

現実世界では外部不経済の悪影響を正確に測定することは困難です。その一方で、政府の介入がなくとも、民間の経済主体の自主性で市場の失敗が解決できるという命題があります。「**コースの定理**」です。経済学者のコースは、**交渉による利益が存在するなら、それが動機となって市場の失敗が解決される**と考えました。さらに交渉に費用がかからなければ、当事者双方に同じ資源配分をもたらすとしました。

民間の経済主体の自主性で解決する

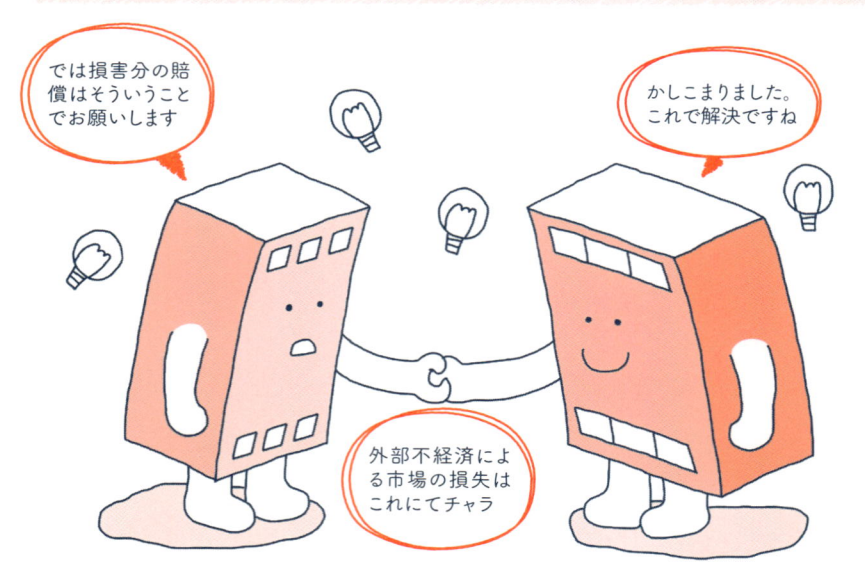

では損害分の賠償はそういうことでお願いします

かしこまりました。これで解決ですね

外部不経済による市場の損失はこれにてチャラ

 政府による介入はなくとも民間の自主性で解決

民間の企業同士が話し合いによって解決するのであれば、市場の失敗は起きないとされるのが「コースの定理」の基本的な考え方である。

たとえばA君がピアノを弾くと、隣のB君は怒ります。ピアノはA君に喜びを与え、B君には苦痛という費用を与えます。仮にA君の喜びが1万円分、B君の苦痛が2万円分だとします。となれば、B君はA君に1万5000円を支払えばピアノをやめさせられるかもしれません。A君もB君も双方が納得する道があるという理論です。ただし**解決に値段をつけることはやはり困難**で、現実的ではありません。

「コースの定理」は効率性だけで決定される

経済学者
ロナルド・コース

経済学❸
06

じつは誰もが
市場に関わっている

誰もが無償で利用できる「公共財」は、誰もが供給に関わる費用を負担しています。市場経済への参加を自覚して生活すべきといえます。

「**公共財**」という言葉を聞いたことがありますか？　あなたの身の回りには公共財が数多く存在します。**公園、道路、街灯、橋、消防、警察、国防なども該当**します。その定義はまず「非競合」。これは、誰が使っても他の人の使用が減らないことを意味します。そして「排除不可能」。これは、どんな人でも利用できてしまうことです。これら 2 つの性質を有する財を公共財といいます。

公共財と経済の関わり

公園に住んでいます

非納税者

公園
誰が使っても使用量が減らない非競合性を持っている

街灯
街に灯りをともすことで治安維持にひと役買い、経済的にもプラスになる

ここで重要なのは、公共財にもお金がかかっているという点です。しかし「排除不可能」であることから、**対価を払わない人も無償で利用でき、便益を受けられます**。これがエスカレートすれば、生活に不可欠な公共財の供給が滞ってしまいます。公共財は、市場経済に任せながらも各自の租税によって賄われているのです。そういう意味では誰もが市場に関わっている自覚を持ち、その一端を担うべきです。

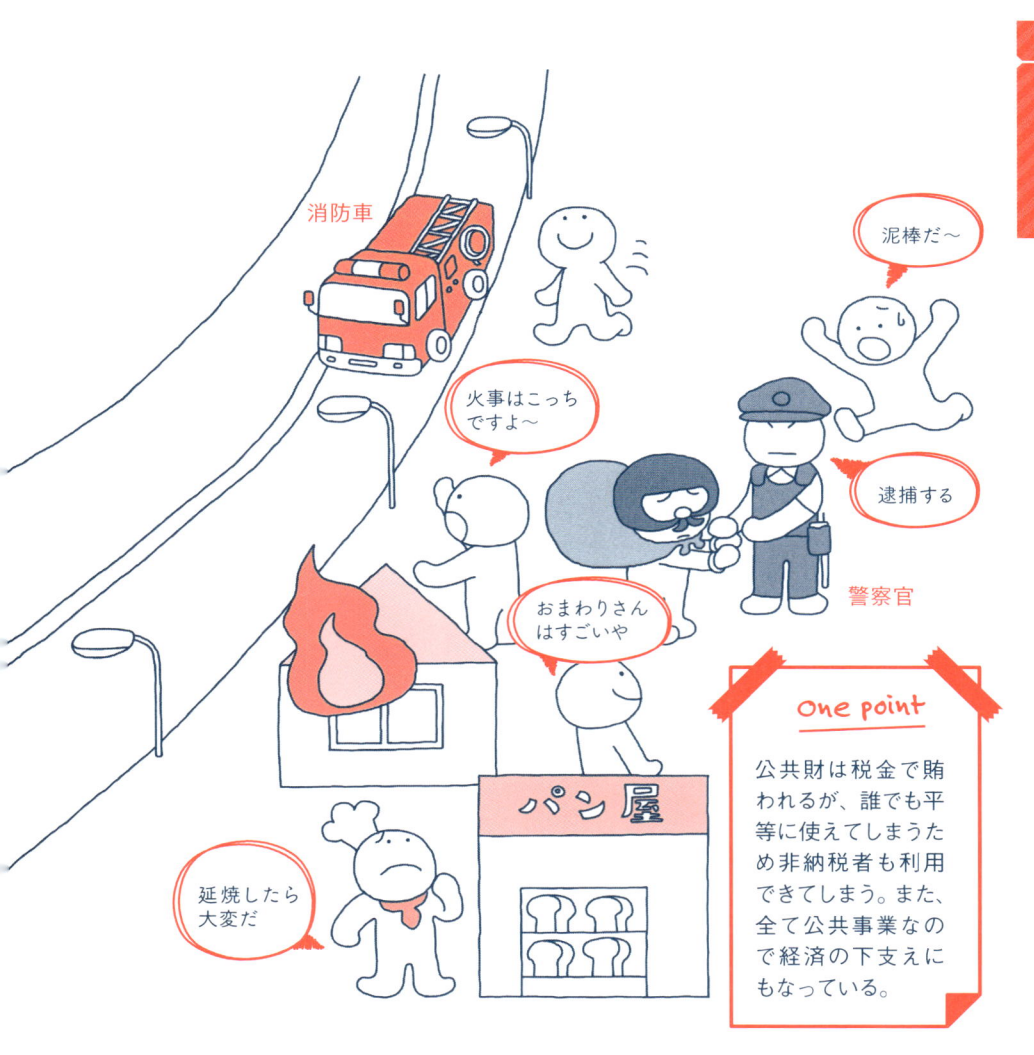

消防車

泥棒だ〜

火事はこっちですよ〜

逮捕する

おまわりさんはすごいや

警察官

延焼したら大変だ

パン屋

one point

公共財は税金で賄われるが、誰でも平等に使えてしまうため非納税者も利用できてしまう。また、全て公共事業なので経済の下支えにもなっている。

逆選択で市場が
機能しなくなる

　市場の失敗、つまり市場の価格を調整する機能がうまくいかなくなるケースとして、「逆選択」というものがあります。これは買い手と売り手が持つ商品情報に偏りがあるために、効率的な資源分配が妨げられ、市場が成り立たなくなってしまうというものです。その一例として挙げられるのが中古車市場。中古車の売り手はプロであり、手元にある車を検査することもできるので、自分の売り物の車がどの程度の品質なのかをよく知っています。

　一方、買い手は売り手の言葉を信じるしかありません。信じられなければ買い手は中古車を買うのを諦めてしまい、結果として市場全体の規模が小さくなってしまうのです。

　また、保険会社も契約者の健康状態を知ることができなければ、健康状態の悪い人しか保険に加入しなくなり、保険会社は成り立たなくなります。これは「アドバーズ・セレクション」や「モラルリスク」とも呼ばれます。

経済成長の
仕組みって何？

今の暮らしをより豊かにするために必要不可欠な経済成長。一体、経済はどのようなメカニズムで成長を遂げるのでしょうか？

経済学④
01

お金はどのように回っている？

経済は個人や企業の間でお金が回り続けることで生まれます。これを「市場経済」と呼び、あらゆる経済活動の基本の1つとなります。

経済の仕組みはお金の流れを見ることで、とてもシンプルに考えられます。なぜなら経済の基本は、個人（家計）と企業とで行ったり来たりするからです。これを「**市場経済**」といいます。家計と企業は2つの市場でつねに取引しています。財の市場と、労働などの生産要素の市場です。

商店街で見る市場経済

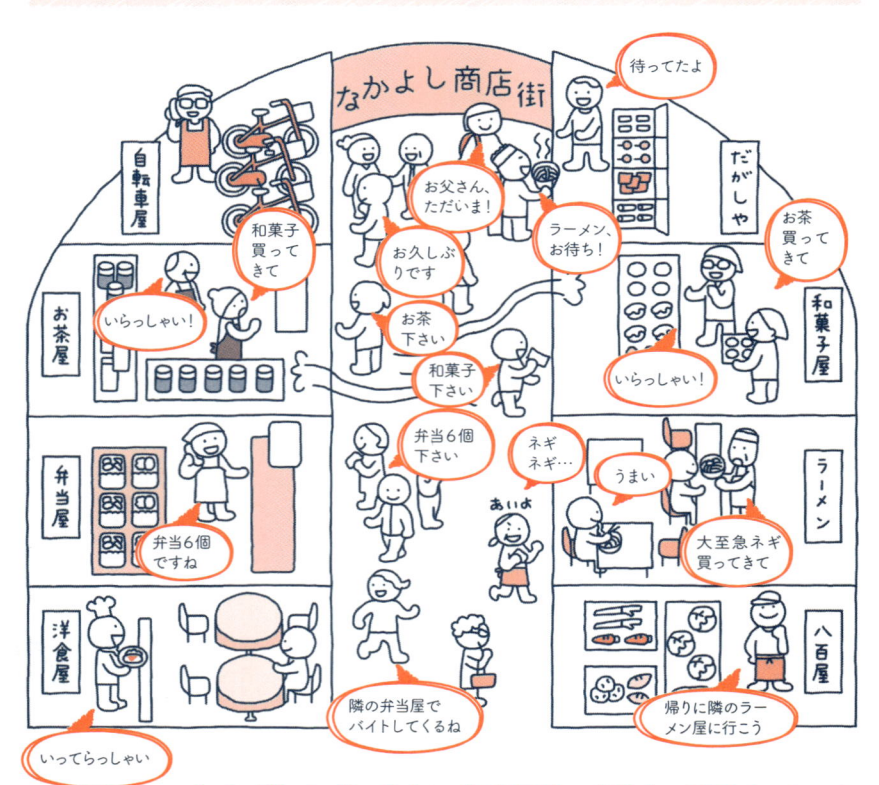

知らず知らずのうちに人は経済に参加して暮らしている

たとえばA君が果物屋で500円の梨を買えば、その代金はお店の収入になります。財の市場ではお金は個人（家計）から企業へと流れます。その一方、生産要素の市場ではお金の流れが逆になります。果物屋は労働力となる働き手が必要で、A君の500円の一部は誰かの給与となります。**支払われた給与は誰かが別の財を買うのに使われます**。そのようにして循環が継続するのです。

２つの市場でつながり回り続ける「市場経済」

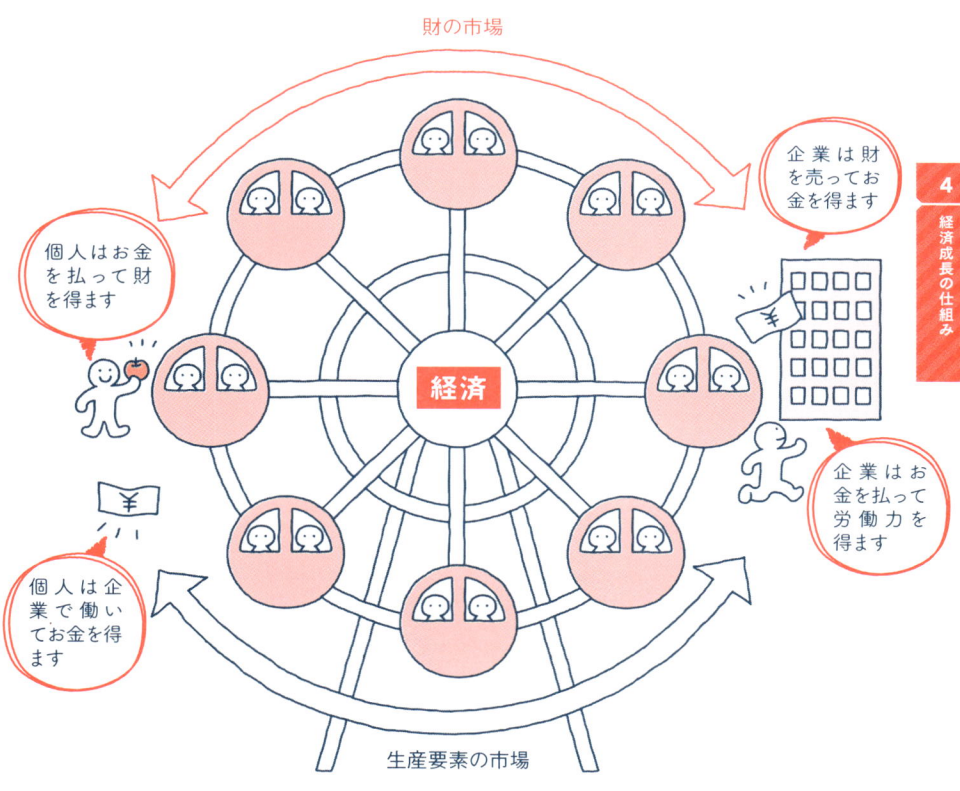

one point

個人の所得は労働力と引き換えにして得る賃金だけでなく、実際には利子や地代なども含まれる。

経済学❹
02

国が豊かになる指標は
どう測る？①

「GDP（国内総生産）」はその国の経済レベルと国民の生活水準を
測る際の重要な指標です。さて、日本は何位でしょうか？

GDPという言葉をよく耳にしませんか？　これは「国内総生産」、すなわち**1年
間に国内にいる人がどれだけ儲けたかという付加価値の合計を示す数値**です。
GDPはある国の一定期間の経済活動規模を測る指標として、最も参考になる数字
であることから、しばしば経済成長に触れる際に用いられます。ここでポイントとなる
のが「付加価値」の合計という部分。付加価値とは具体的に何を指すのでしょうか。

GDPは国の経済活動規模を測る代表的指標

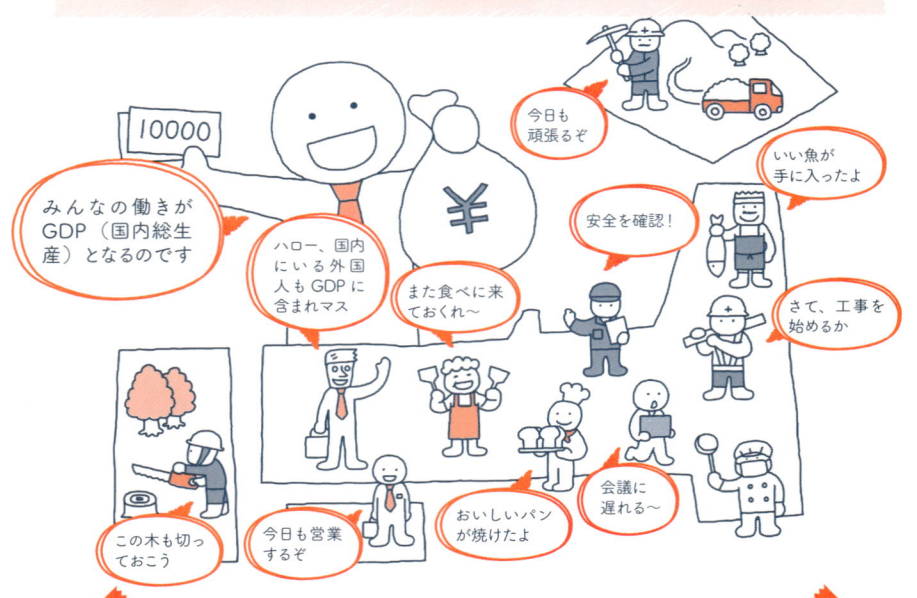

one point

GDPが高いほど、その国の経済レベルが高く、国民の生活水準も高いとい
うことになる。ちなみに1位はアメリカ、2位は中国、日本は3位。

たとえば、とある外食関連企業が、1年間に米を10億円、牛肉を20億円仕入れ、50億円の牛丼を売り上げているとします。50億円の売上に対して30億円の原価がかかっていますので、この企業の付加価値は差し引いた額の20億円になります。つまり、**この外食関連企業は国の経済全体の付加価値を20億円増加させている**のです。各企業の付加価値の合計がGDPです。

牛丼1杯に見る経済生産活動

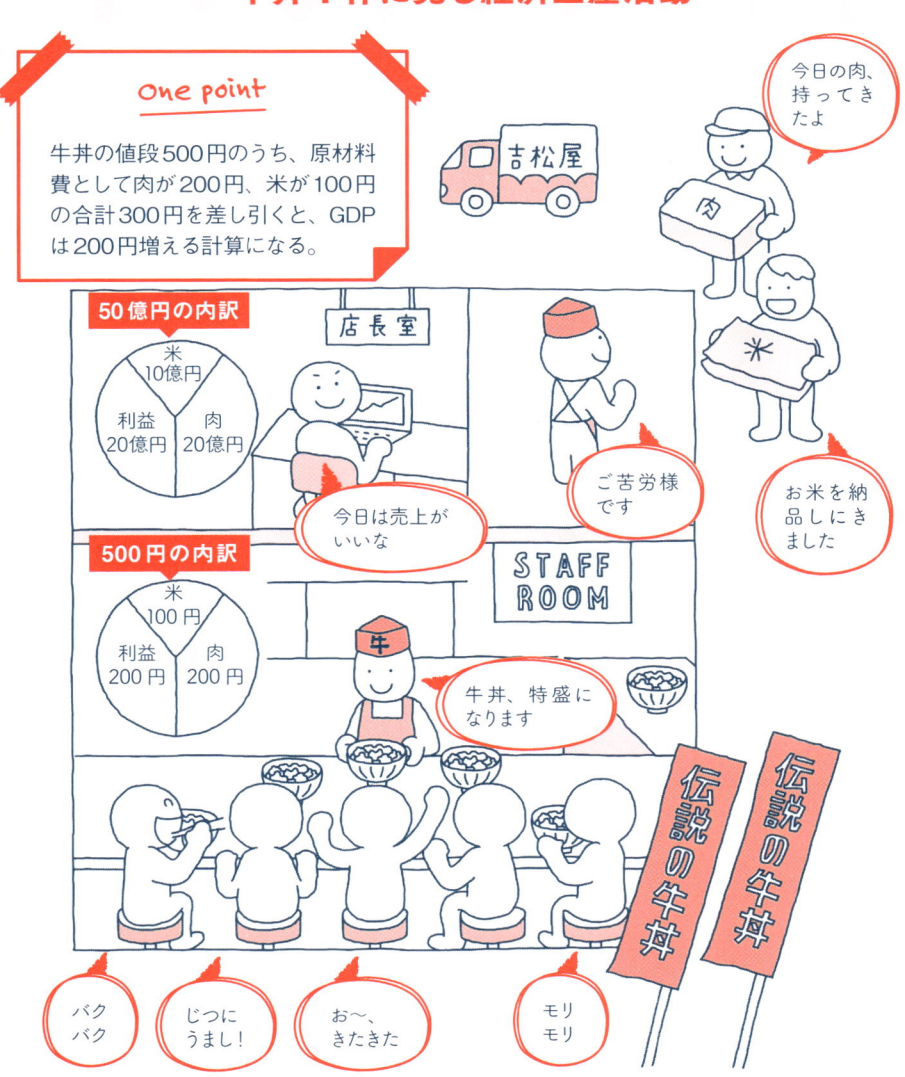

経済学④
03

国が豊かになる指標はどう測る？②

かつては経済水準を表す代表的指標だった「GNP（国民総生産）」。
ビジネススケールの世界的変容によって信頼度が低いものに?

前頁の GDP（国内総生産）に対し、「**GNP**（国民総生産）」という経済指標があります。**国民**が 1 年間にどれだけ儲けたかを示す数値です。GDP は国内にいる外国人が儲けた金額を含みますが、GNP では除外します。その代わり、海外進出した日本人が国外にて儲けた金額も合算するのが GNP です。さらに日本人による海外投資での利息収入も含まれ、**最近では GNI（国民総所得）と呼ばれています**。

GNPはもはや過去の指標

かつては一国の経済水準を表す際はGNPが一般的でしたが、近年はGDPに取って代わられています。その最たる理由が、経済のグローバル化です。日本国内を例にしてみても、外資系企業の進出はめざましいものがあります。にもかかわらず、それらの儲けを除外して経済の規模を考えるのは、**一国の経済状態を把握するには妥当ではなくなってきた**のです。

one point

国境を越えた人と物の流通が盛んな欧米諸国では、古くからGDP統計がメインの経済指標として位置付けられている。

GNP（国民総生産）

日本のGNPの場合、海外にいる日本人の儲けは含めるが、日本にいる外国人や外資系企業の儲けは含めない。

GDP（国内総生産）

日本のGDPの場合、日本にいる外国人や外資系企業の儲けも含めるが、海外にいる日本人の儲けは含めない。

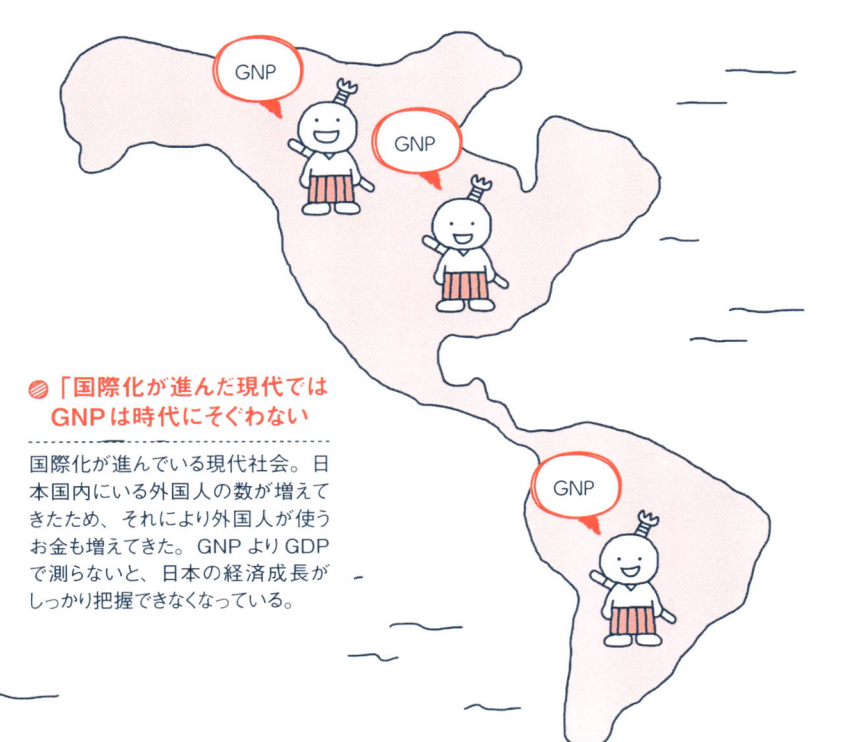

◉「国際化が進んだ現代ではGNPは時代にそぐわない

国際化が進んでいる現代社会。日本国内にいる外国人の数が増えてきたため、それにより外国人が使うお金も増えてきた。GNPよりGDPで測らないと、日本の経済成長がしっかり把握できなくなっている。

経済学④ 04

家事労働は経済成長に含まれない？

お金を生むだけでは経済活動と見なされない？　GDP に含まれる・含まれないで経済活動の価値を考えます。

経済的利益が得られても GDP に含まれないものがあります。たとえば有価証券や土地の値上がりによる売却益、「**キャピタルゲイン**」がそれに該当します。**生産活動によって創出された付加価値ではない**からです。家庭内での掃除や洗濯などの**家事労働**も同様に GDP に含みません。理由は労働価値を正確に測定できないから。家政婦を雇えば費用は発生しますが、家事は取引しないので対象とされません。

家事労働だって立派な仕事のはずなのに……

反面で、市場で取引されなくても GDP の計算に反映されるものもあります。老人福祉サービスなど政府が生み出した付加価値です。これらは公共サービスを作り出すのにかかった、公務員の給与などの費用で測って換算します。農家で自家消費する作物も、市場で販売したと見なして総生産量を計測し、GDP に含みます。このように**市場取引されたと仮定して GDP の集計に加えることを帰属計算**といいます。

市場外で計算される GDP

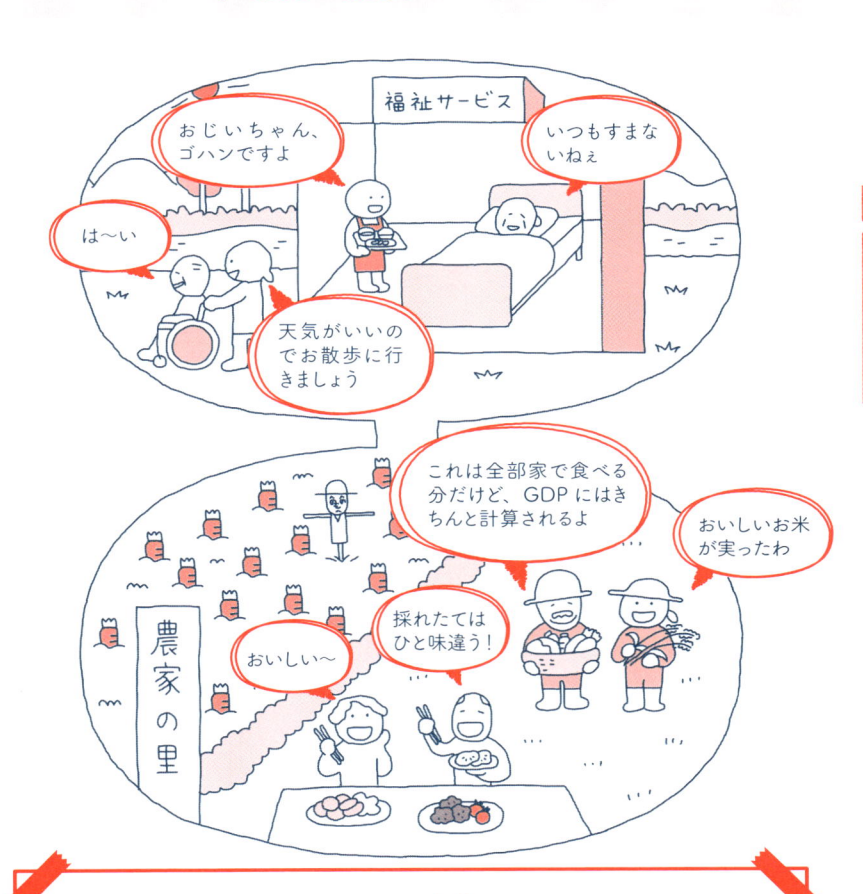

one point

老人福祉サービス以外に、警察や消防といった公共サービスは GDP に含まれる。また、農作物を作るには、種や肥料、農薬などのコストがかかっているため、こちらも GDP に含まれる。

物価指数ってよく聞くけど何？

経済学❹
05

経済活動が活況かどうかを見るには、価格の変化を数値化した「物価指数」によって判断します。では、指数の見方を解説していきます。

経済関連のニュースでも、たまに目にする「**物価指数**」。この指数は、消費者が購入する商品（財やサービス）について、**物価の変化を総合的かつ客観的に表すもの**で、多方面で利用されるものです。代表的なのが、消費財に用いられる「消費者物価指数」と企業の生産活動に用いられる「企業（卸売）物価指数」です。総務省では、物価の動きを捉えるために消費者物価指数を作成して、毎月公表します。

消費者物価指数とは？

消費者の目線に立った物価を比率で表す

消費を目的として家庭に需要されるような財やサービスを消費財という。その消費財の物価を比率で表したのが「消費者物価指数」である。

そもそも物価指数とは、ある時の物価を 100 とし、**今の物価がその時よりどれだけ変化したかを数値化したもの**。去年 200 円だった梨が今年は 300 円、10 万円だった冷蔵庫が 11 万円になったとします。実際により値上がりしたのはどちらでしょうか？正解は梨です。梨は 200 円を 100 とすると、300 円は 150、冷蔵庫は 10 万円を 100 とすると 11 万円は 110。よって指数で見ると梨のほうが物価が上がったといえます。

企業の生産活動に用いられるのが企業物価指数

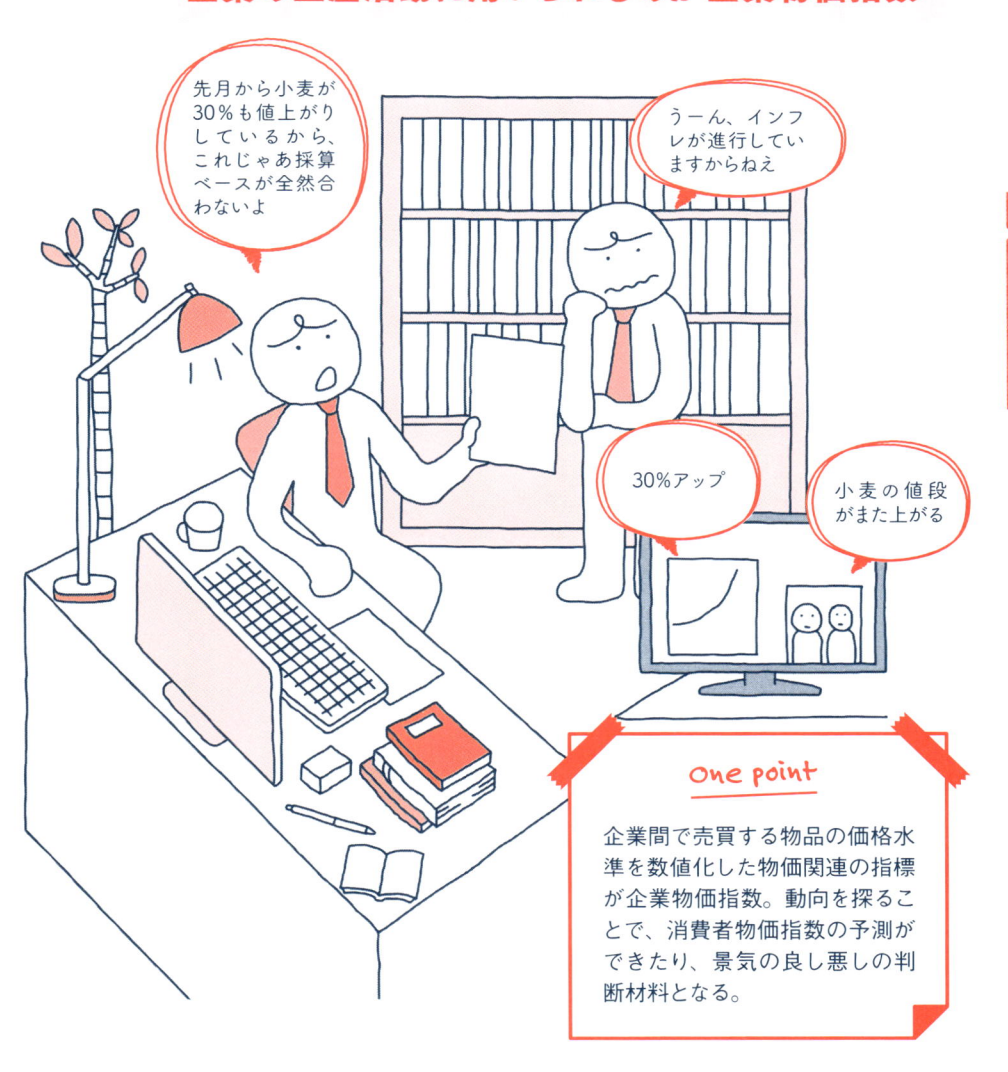

経済学❹

06 投資は経済成長の礎

経済活動を継続させ、景気を上向きにするには「投資」活動が必要不可欠です。その一方で、不確かな側面も持っています。

経済学が指す「**投資**」とは、将来的に生産能力を増加させるため、資本にお金を投じる活動のことを意味します。ここでいう資本には、設備や機械といったインフラはもちろんのこと、技術を身に付けるための教育、ノウハウや知識を構築するための研究開発も含まれます。投資は経済成長の礎であり、継続的な経済活動のために不可欠です。なぜなら**生産能力を高めることで初めて経済が成長する**からです。

経済成長の礎である投資は企業も実践

one point

経済学において、資産を増やして経済活動に協力することを投資という。企業の目線に立つと、生産、研究開発、社員教育など、生産性を高めるのにどれも必要な要素である。

もっとわかりやすく企業目線で「投資」を考えましょう。企業における投資とは、生産性を上げるための「買い物」です。ただ、かなり大きい「買い物」なので、**その資金は銀行から借りて行います**。お金を借りたら利子をつけて返済しなければなりません。もし、その利子が高ければ、企業は投資を行いません。つまり、世の中における投資の量は銀行の利子率が関係しているのです。

企業の「投資」にはリスクも伴っている

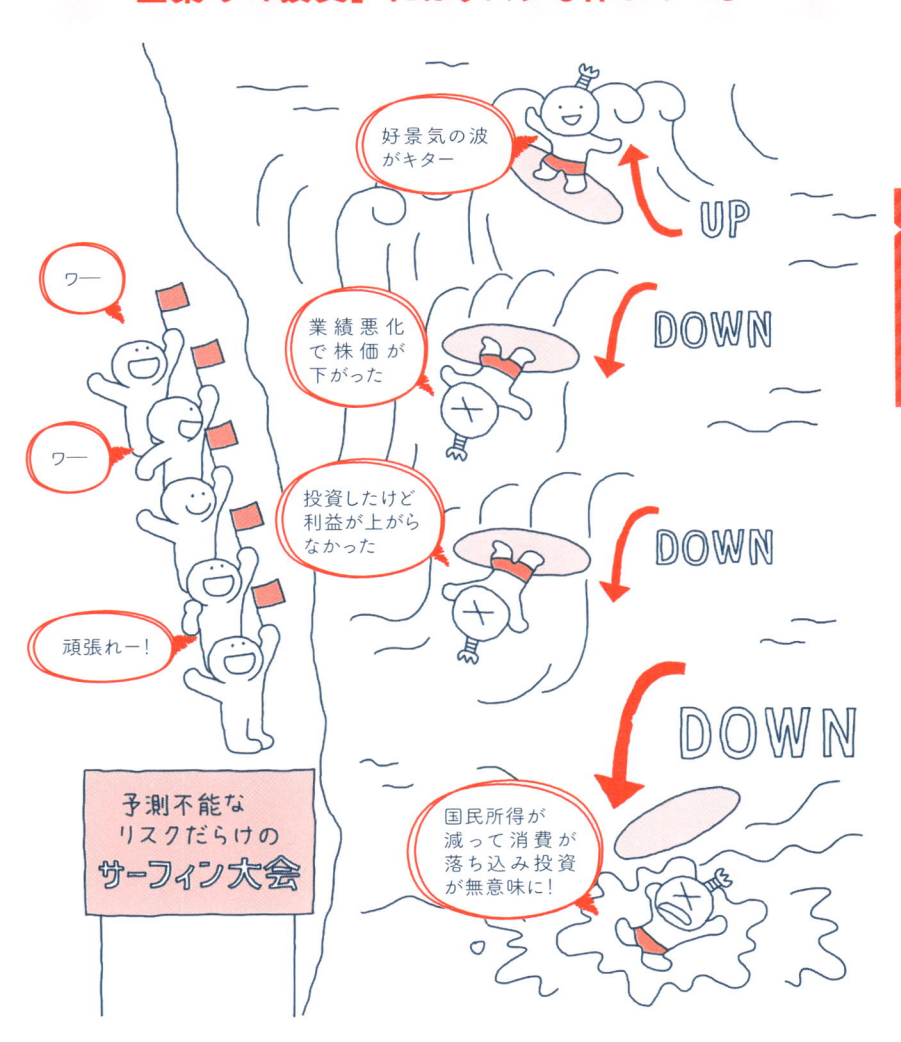

経済学❹
07

経済成長を見るには
消費にも注目

経済全体を考えた時、消費は重要な位置を占めます。一国の国民所得の中で大きな割合になるばかりか、経済成長を担っているからです。

人は生活するうえで、絶え間なく**消費**を繰り返しています。食事をして、洋服を買い、美容院で髪を切り、電車に乗ってどこかへ行く——これらは全て消費です。経済学では消費を個人のレベルでも考えます。財（商品）の価格や所得を一定と考えて、人が何を考えて買い物をするかという消費動向について研究します。なぜなら**消費は、一国の国民所得の中で大きな割合を占め、経済成長を担っている**からです。

人生は「消費」の連続だからこそ経済が成立する

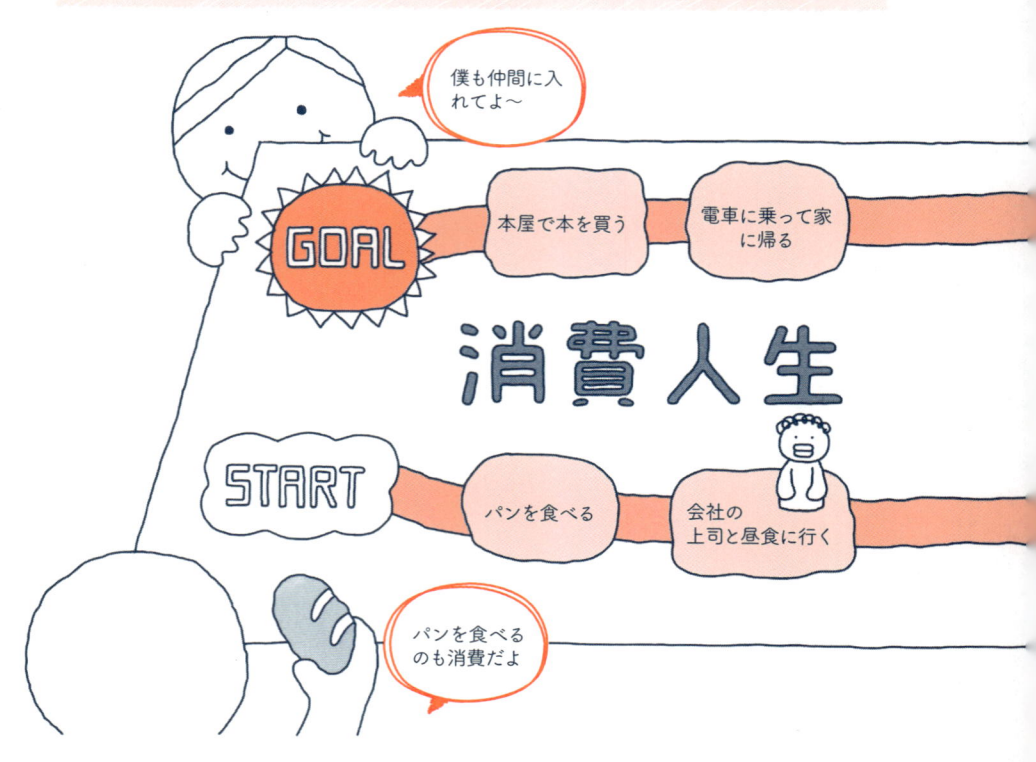

人は所得が増えると一部を消費し、残りを貯蓄します。所得がゼロでも、貯蓄を切り崩すか借金をして、必要最低限の分だけ消費します。消費水準とはこのように所得と生活水準に応じて変化します。ただし、**給料が 2 倍になったからといって、買い物の量も 2 倍になるわけではありません**。所得の一部を将来の万が一の事態に備え、貯蓄する傾向があるからです。

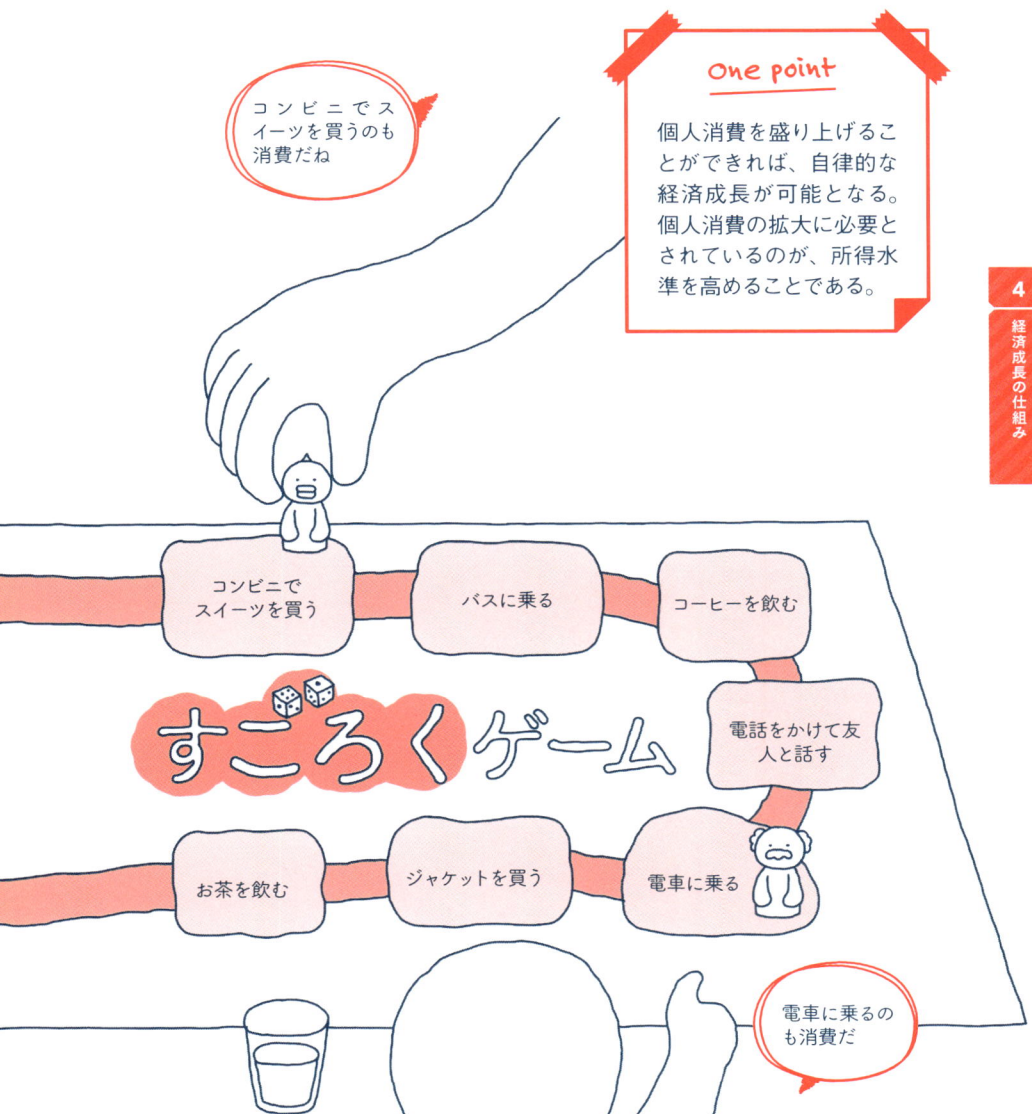

コンビニでスイーツを買うのも消費だね

one point

個人消費を盛り上げることができれば、自律的な経済成長が可能となる。個人消費の拡大に必要とされているのが、所得水準を高めることである。

コンビニでスイーツを買う

バスに乗る

コーヒーを飲む

電話をかけて友人と話す

すごろくゲーム

お茶を飲む

ジャケットを買う

電車に乗る

電車に乗るのも消費だ

経済学❹
08
経済成長には政府の存在が欠かせない?

不況脱却には政府の政策的コントロールが必要だと説いた「ケインズ経済学」。金融政策と財政政策が景気回復の近道だと主張しました。

1929年の世界恐慌による不況を克服するために、経済学者のケインズが創始した「**ケインズ経済学**」。その基本的な考えは **"需要と供給との差を調整するのは、価格ではなく数量である"** というものです。需要より供給が多くて売れ残りが出ても、すぐに値下げされません。この場合、企業は価格を下げるよりも生産量を減らすことで対応するからです。

価格より数量が重要であると説いた「ケインズ経済学」

ケインズは政府へ、政策的コントロールを勧めました。金融政策と財政政策です。前者は利子率の切り下げで、後者は社会基盤への投資でした。それらを実施することで、企業のビジネス機会と雇用と需要を創出し、**需要不足が改善する**と説いたのです。GDPを増やすためには放っておくのではなく、政府の助力が必須であり、公共投資への正当性をケインズは強く主張しました。

政治的操作で経済に介入する政府

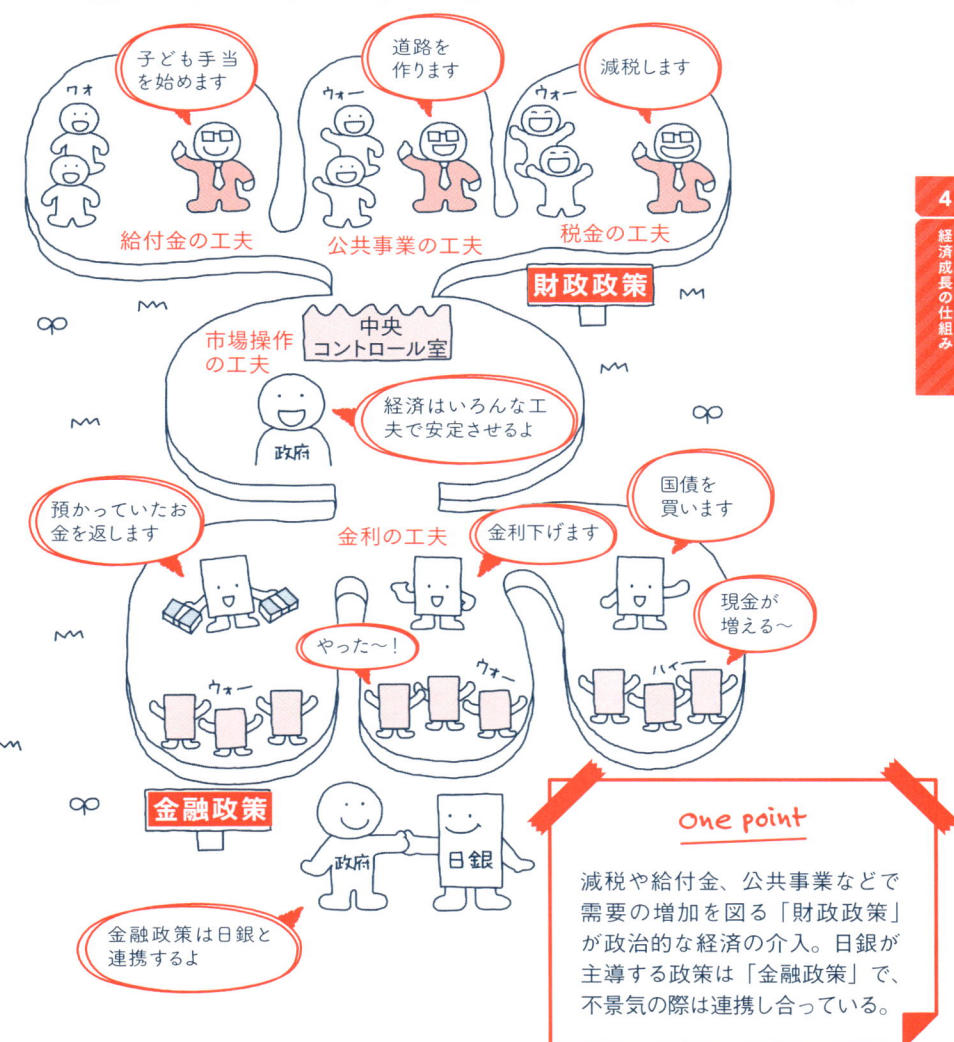

one point

減税や給付金、公共事業などで需要の増加を図る「財政政策」が政治的な経済の介入。日銀が主導する政策は「金融政策」で、不景気の際は連携し合っている。

経済における政府の役割とは？①

政府が実行する景気安定化政策の総称が「財政政策」。減税と公共投資を2本柱とし、有効需要の創出を主な目的にしています。

前項で金融政策と**財政政策**に触れましたが、財政政策についてもっと深く解説します。失業や不況を克服するには、政府が積極的に財政政策を行うべきだとケインズは説きました。その柱となるのが**減税と公共投資**です。まず減税ですが、税金が高いと収入の手取り分が少なくなります。税金を引き下げれば収入の額面は変わらなくても手取り分が増えます。そうなることで需要が拡大するのです。

最もポピュラーな経済政策

第32代アメリカ大統領 フランクリン・ルーズベルト

1930年代、大恐慌の影響でアメリカは失業者が続出していた。

失業しちゃったよ～

仕事がないよ～

せや！

お金がないよう

公共投資に関しては、橋梁や道路を造ることを想像すればわかりやすいでしょう。工事を受注した建設会社から**下請けへと波及効果が生じて、多くの人が潤うの**です。政府がお金を使って公共投資を行うことで景気を安定させられれば、儲かる人が増えます。そして結果的に国の税収が増えます。しかし、公共事業をしても景気がよくならなければ政府の借金が積み上がります。

ルーズベルトによる「ニューディール政策」で多くの労働者が仕事を得られた。

←テネシー川

よいしょ
よいしょ

景気は多少回復したけど、恐慌前の水準には戻らなかった。

すまん

結果

経済効果は限定的であり、政府は大きな役割を果たせなかった。

◉ 政府が積極的に介入したニューディール政策

ルーズベルトが就任する前は、市場への介入に積極的ではなかった歴代のアメリカ政権。効果は限定的ではあったものの、ニューディール政策は第2次世界大戦後の資本主義国に大きな影響を与えた。

経済学❹ 10

経済における
政府の役割とは？②

財政政策を成功に導くには「乗数効果」の波及が必須です。しかし昔に比べてその勢いは衰えていくばかり。果たしてその原因は⋯⋯。

景気を回復するための公共投資と減税の成功は、「**乗数効果**」にかかっています。乗数効果とは、**実際に政府が使った額以上に国民所得が拡大する現象**を指します。政府がお金を使うとそれは誰かの給料になり、給料が増えた人は買い物を増やします。そして、また別の人が儲かり⋯⋯と、プラスの連鎖が続いていくのです。

乗数効果のメカニズム

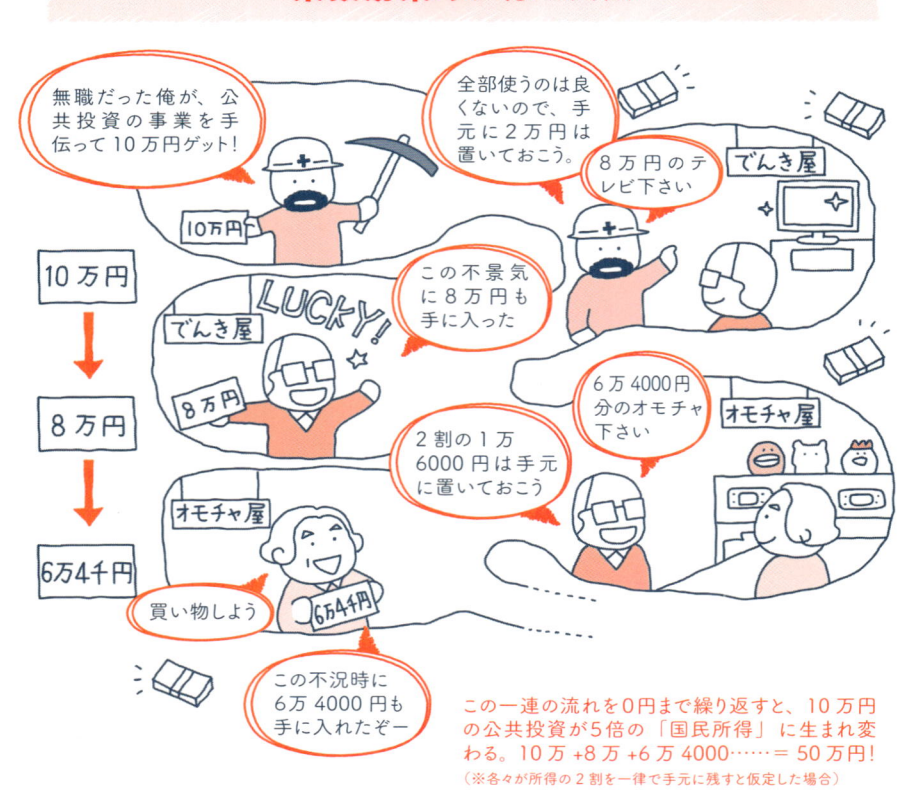

この一連の流れを0円まで繰り返すと、10万円の公共投資が5倍の「国民所得」に生まれ変わる。10万 +8万 +6万 4000⋯⋯＝ 50万円！
（※各々が所得の2割を一律で手元に残すと仮定した場合）

日本の高度成長期、公共投資の乗数効果は3年目で3倍近くまで波及しましたが、近年は2倍に届かないほど落ち込んでいます。元来、乗数効果が上がるには、波及過程での連鎖的な消費の発生が必要です。しかし現実には増加した所得を貯蓄や借金の返済に充て、消費にまわしていません。**将来不安が大きくなるにつれ貯蓄する傾向が高まる**という、不安定な時勢を反映しているといえるでしょう。

昔と今で比較する「乗数効果」

one point

乗数効果をアップさせるには消費者に貯蓄をさせないようにし、消費量を上げさせなければならない。そのためには、何よりも所得の増加が必要である。

経済学❹
11

景気の悪さはどこで測る？

ひと口に「失業者」といっても３様態に区別され、経済指標として問題
視されるのは不況が影響するとされる「完全失業者」が占める割合です。

働いていない人は失業者と呼ばれ、３つに分けられます。「自発的失業」は給
料に納得いかないために、自分から失業している状態。季節要因などで職がない
場合は「摩擦的失業」。働く意思と能力はありながら不況による影響で仕事がな
い状態を「完全失業」といいます。

「労働市場」には３タイプの失業が存在する

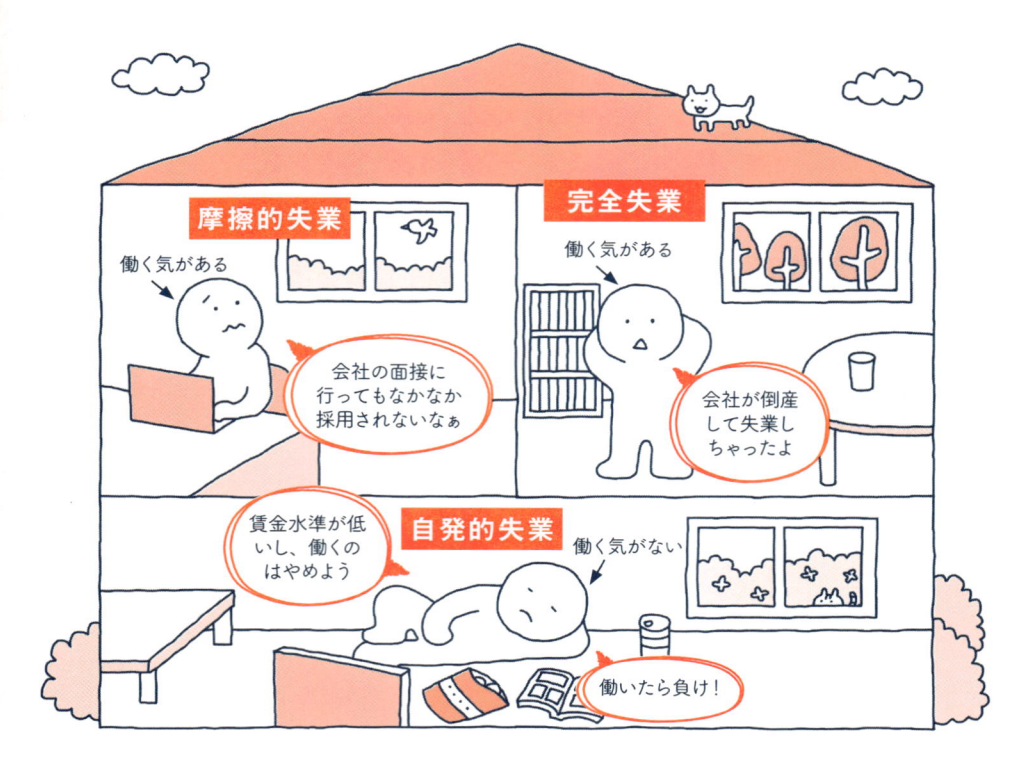

完全失業者が存在しない時を完全雇用の状態と定義しますが、完全失業を除く2つは好景気でも不景気でも存在します。これを**自然失業率**といいます。一方、経済学的に失業率を問題とするのは完全失業者の存在で、労働力人口全体に占める比率を「**完全失業率**」と呼びます。失業者が生まれる原因は不況以外にも地域性の問題や産業構造の変化による影響も挙げられ、改善には政府の裁量的政策が必要です。

完全失業率が上昇すると景気が後退した証拠

12 税と社会保障が国を安定させている

急激な景気変動は経済学的にも望ましくありませんが、税制と社会保障制度が自動的に抑止効果を促して安定化を図ります。

政府支出や投資を増やすことで、国民所得を数倍に増やすことができる、という乗数効果の影響について前に触れました。しかし、増えれば増えるほどいいわけではありません。所得（生産活動）があまりに急激に変動することは、安定性の観点から望ましいとはいえないからです。そうした**景気の過熱感を抑制するための安定装置の1つとして挙げられるのが所得税**です。

自動安定化装置とは何か？

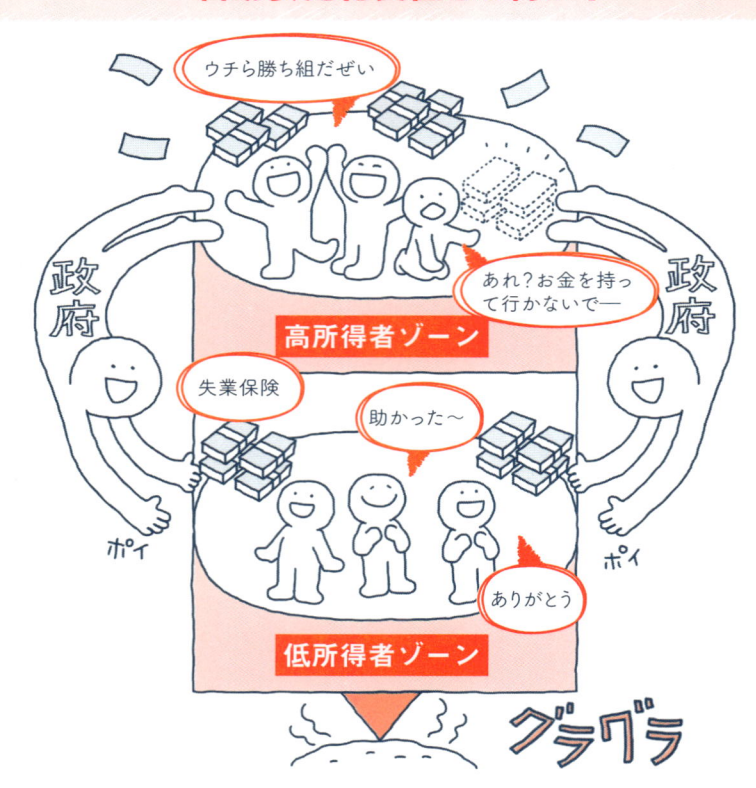

所得税は収入が増えるほど税率も高くなります。これを累進課税制度といいます。税負担分が増大すれば消費に使われるお金が相殺され、結果として総需要を抑え込むのです。この作用を税制の「**自動安定化装置**」といいます。失業保険も同様の安定化機能を働かせます。景気が悪化した際には給付によって消費の落ち込みを最小限にとどめ、景気が良くなると給付が減少することで消費の拡大を抑制するのです。

政府は税と保障制度で市場のバランスを図っている

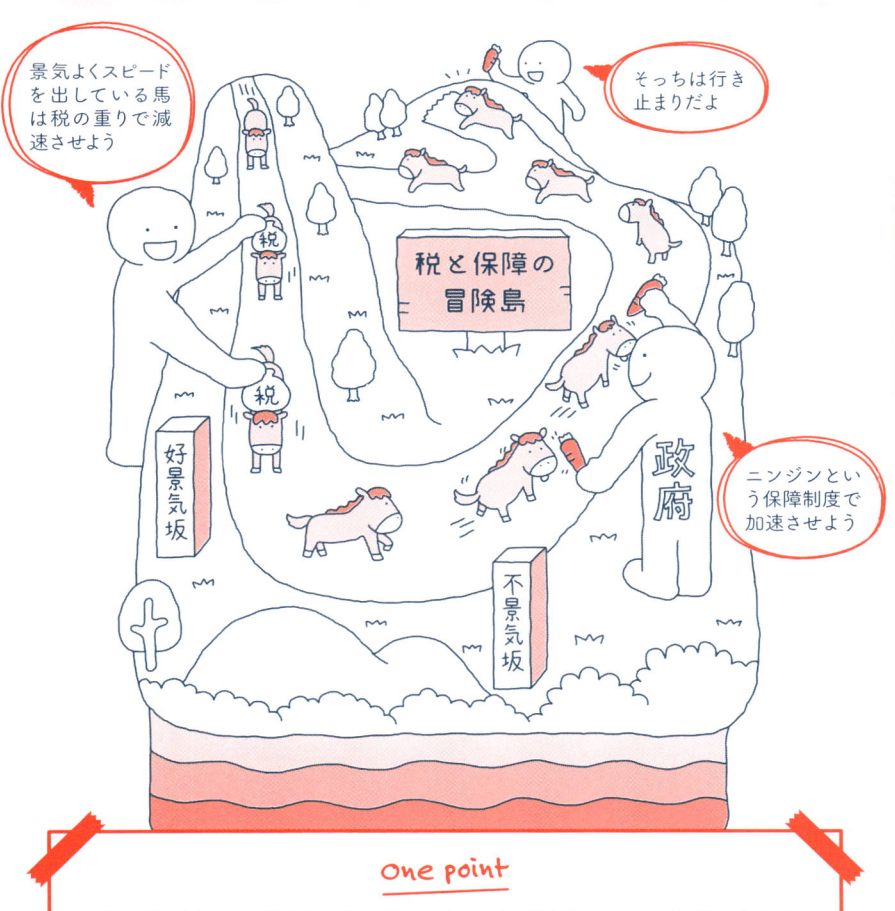

one point

景気の先行きが悲観的で民間投資が落ち込んだ場合、国民所得は減少するが、税収入も国民や企業の所得に依存している。税金が安くなるという自動安定化装置が働き、消費の減少や国民所得の減少の程度が少なくてすむ。

経済学❹
13

国が赤字だと良くないの？

家計も国家の収支も、黒字か赤字という収支構造は同じです。ただ国の場合、さほど深刻でない赤字と、深刻な問題になる赤字があります。

政府の税収が支出を超えると「財政黒字」に、逆に政府の支出が税収を超えると「**財政赤字**」となります。景気が悪化すれば失業率が上昇し、経済活動は停滞してしまいます。当然、政府の税収は減少します。財政赤字のうち、**景気の循環によって起きるものを循環的財政赤字**といいます。これは景気が一巡することでふたたび黒字となり、財政赤字は自然に解消されます。それほど深刻な問題ではありません。

税収と支出のアップダウンで黒字か赤字かが決定

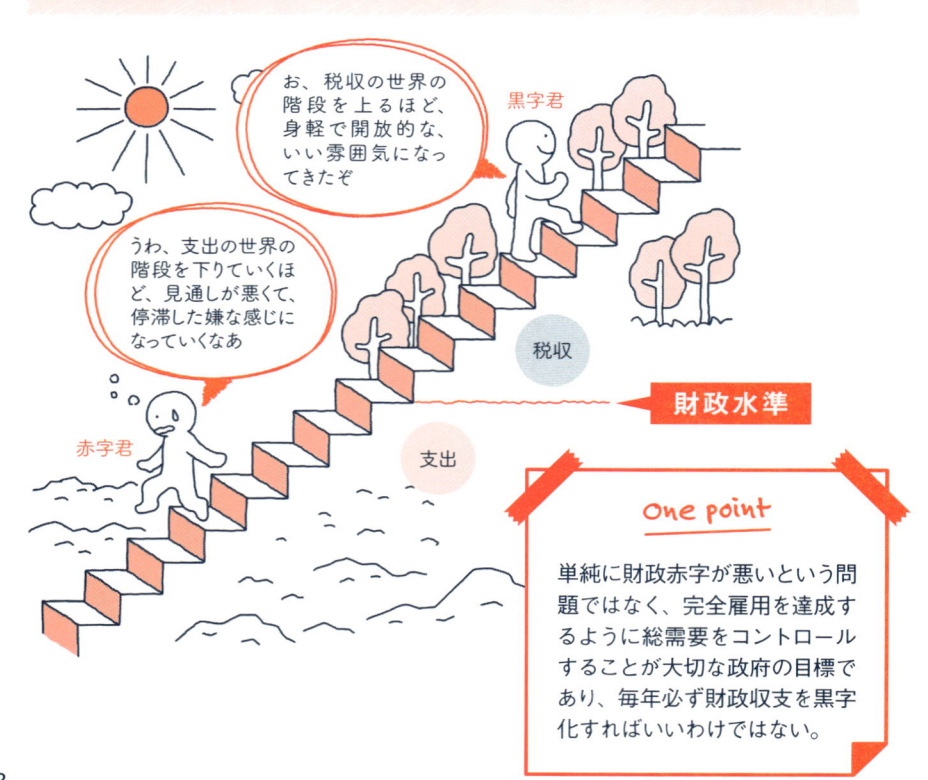

One point

単純に財政赤字が悪いという問題ではなく、完全雇用を達成するように総需要をコントロールすることが大切な政府の目標であり、毎年必ず財政収支を黒字化すればいいわけではない。

一方で問題となるのは、「完全雇用財政赤字」です。失業が少なく、十分に景気がいいにもかかわらず、支出が税収を上回っている場合を指します。また、政策の実行にかかる支出が税収を上回る、いわゆる「基礎的財政赤字」も問題です。**家計にとたえるなら、収入よりも普段の生活費が多い状態**です。貯金の切り崩しや借金で不足分を補うように、国もまた借金を抱えてやりくりしなければなりません。

日本の財政赤字のメカニズム

◎ 歳出ばかりが増えていて日本の将来は大丈夫か?

毎年、大幅な歳出で借金をしている日本。その総額は 1000 兆円にもおよぶ。ただ、その賛否は経済学者によって2つに分かれている。

経済学❹
14

プライマリーバランスってどういうこと？

財政の基礎的収支を表し、政策コストと税収が釣り合っているかを読み取る尺度。バブル崩壊以降の日本の国家予算は？

国家財政や地方財政の収支の健全性の度合いを表す際に使われるのが「**プライマリーバランス**」という指標です。これは**国民が納めた税金で国家の運営費を賄えているかどうか**を見るための尺度。国債発行などの借金を除外した「歳入（≒税収）」と、過去の借金の元利払いなどを除いた「歳出」による収支を表したもの、といえばわかりやすいでしょう。

プライマリーバランスは国の基礎的収支

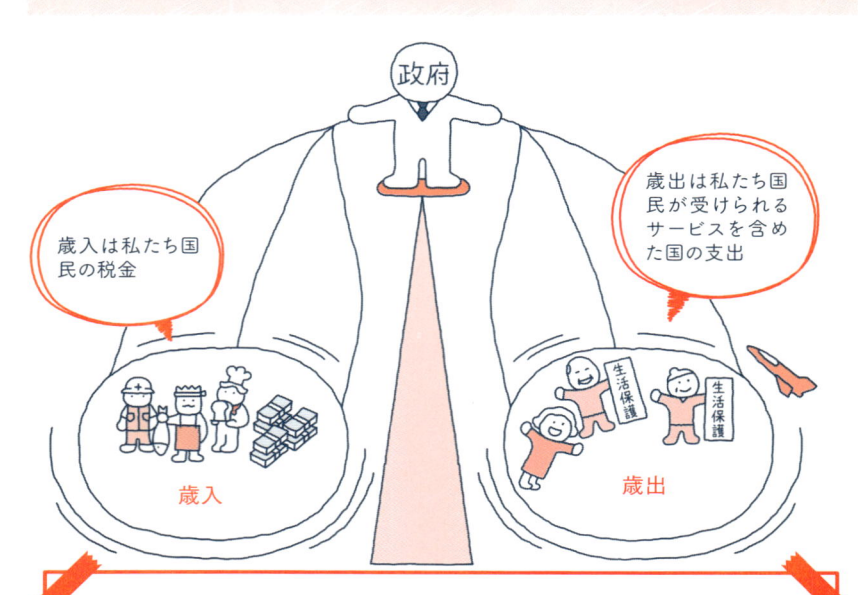

歳入は私たち国民の税金

歳出は私たち国民が受けられるサービスを含めた国の支出

政府

歳入

歳出

one point

政府の見通しでは2011年度にはプライマリーバランスを均衡させたいという目標を掲げていたものの、度重なる世界的金融危機による大不況の余波を受けてご破算となった。

プライマリーバランスが均衡していれば、今以上に借金が膨らむことはありません。もし赤字続きであれば、雪だるま式に借金が膨らむことになります。日本政府の 2015 年度予算は約 90 兆円。このうち約 49% が国の借金ともいえる国債で賄われている状態です。そもそもバブル崩壊以降、赤字幅は年々広がり、2009 年には過去最悪の 40.6 兆円に。**日本の国家予算はつねに支出超過の状態**にあるのです。

つねにプライマリーバランス赤字で膨らむ借金

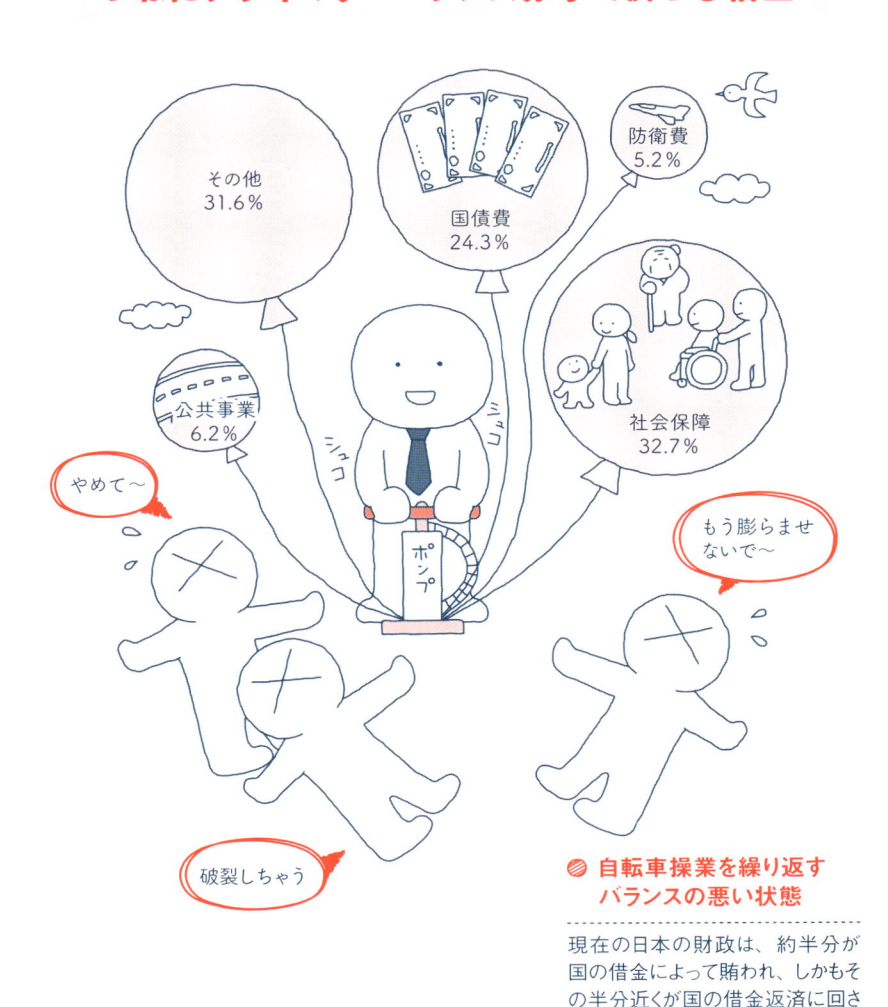

◉ 自転車操業を繰り返す バランスの悪い状態

現在の日本の財政は、約半分が国の借金によって賄われ、しかもその半分近くが国の借金返済に回されている。

経済学❹

15

増税と国債発行 どっちが良いの？

国が財政を支えるために発行する公債ですが、いつかは必ず償還しなければなりません。とはいえ、そのしわ寄せは誰が被るのでしょうか。

1989年に実施され、現在では8％まで引き上げられた消費税。10％にまで引き上げられる日も近いといわれていますが、消費税が増えるのを喜ぶ国民はいないでしょう。とはいえ、**日本では国債もこれ以上発行できない状態になりつつあります**。ちなみに、経済学では増税と国債の発行はどちらも同じだという考えがあり、これを「**中立命題**」と呼びます。

公債の発行と償還で考える増税

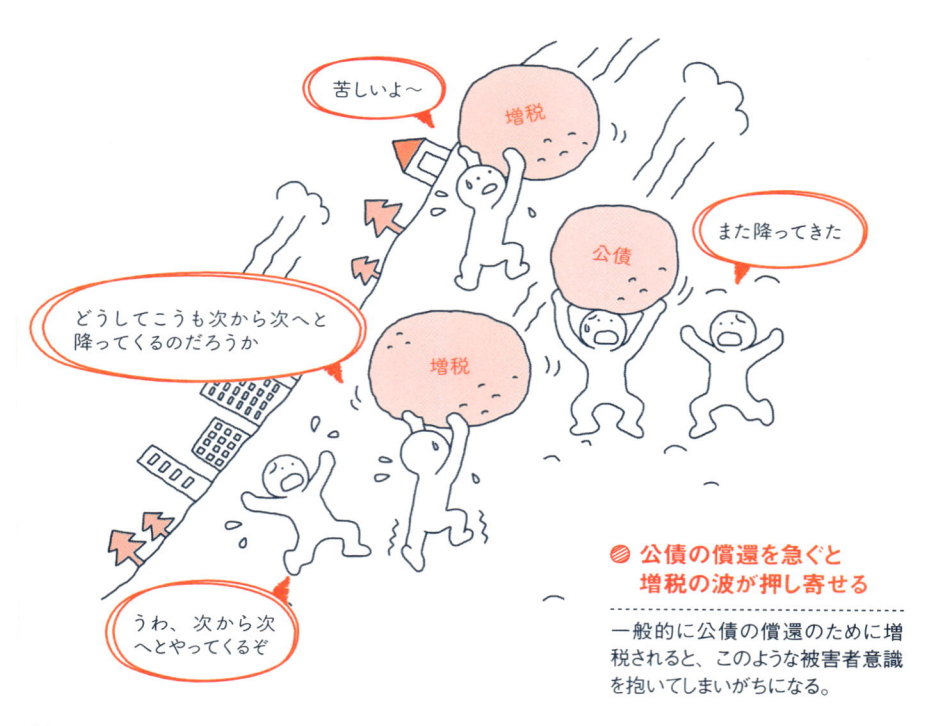

◉ **公債の償還を急ぐと増税の波が押し寄せる**

一般的に公債の償還のために増税されると、このような被害者意識を抱いてしまいがちになる。

まず前提として同一世代の間に公債の発行と償還がされると仮定します。政府支出を増税で賄うか、あるいは公債の発行で賄うかは、現在か将来かの違いだけであって、いずれにせよ税金で負担することになります。**税負担の総額が変わらなければ、人々が消費に回せるお金の額は変化しません**。これが「リカードの中立命題」で、公債も税も経済効果は等しいという説です。

「リカードの中立命題」は実質的差異がないと説く

one point

経済学者のリカードは公債発行と公債償還が同一の世代に限定されている時、政府支出を公債発行と課税調達で賄うのでは、効果に差異は見られないと説いた。

少子高齢化なのに 経済成長はできるの？

経済学❹ 16

労働力不足という、国が抱える深刻な問題の解決には、ICT による新たなイノベーション（技術革新）の潮流がカギを握っています。

現在、日本では少子高齢化と人口減少が急速に進行しています。生産年齢人口は 1995 年をピークに減少へと転じ、総人口も 2008 年を境に減り続けています。そのため、労働供給力は限界に近く、労働者不足が経済へ悪影響を及ぼすのは確実といわれていました。**経済成長の要因は、労働力、資本の蓄積、技術進歩の 3 要素**。人口減少による国内市場の縮小はもはや避けられないと考えられていたのです。

労働供給力はもはや限界にきている

◉ **人口減少による人手不足は日本における深刻な問題**

生産年齢人口（15 歳〜64 歳）は 1995 年の 8616 万人をピークに年々減少。2030 年には 6337 万人、2060 年には 4418 万人に減るといわれている。

ところが近年になり、ICT（情報・通信の最新技術）の急激な進化によって、経済成長への期待が高まりつつあります。IoT（Internet of Things）、ビッグデータ、AI といった新たな潮流が、企業と社会に**イノベーション**をもたらしているからです。技術革新が業務効率化を実現し、労働投入を増やさなくても生産性の高い業務を可能にすることで、**新たな付加価値の創造へ向けて経済は動き出しています。**

ICT、ビッグデータ、IoT が経済成長の要に

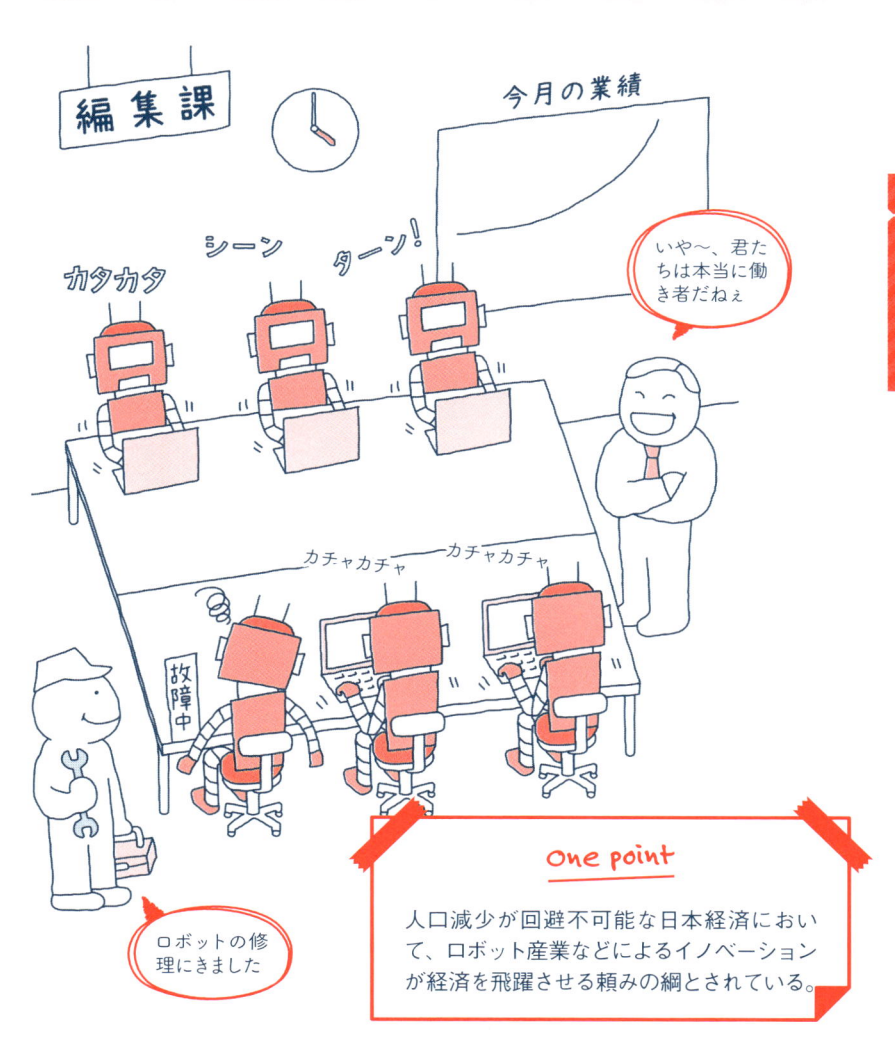

column no.04

経済に孕む落とし穴

「合成の誤謬（ごびゅう）」とは？

　経済学において「合成の誤謬」という言葉があります。これは部分的には合理的で正しい行動が、全体としては間違った結果を導き出してしまうことを指します。たとえば、倹約は正しい行いだと考えられていますが、誰もが一斉に倹約に走ったらどうでしょうか。市場にお金が出回らなくなり、国の経済は破綻してしまいます。倹約は個人にとって正しい行いかもしれませんが、社会全体にとっては望ましくありません。

　つまり、ミクロ経済学的には利益の最大化を計った行為が、マクロ経済学的には全体の利益の最大化にはならなかったということです。

　また、合成の誤謬は日本の少子化問題にも当てはまります。個々の家庭の支出を減らしたいのであれば、子どもの数を抑制するのが得策です。しかし、国からしてみれば少子化は経済悪化を招く要因となります。経済学を学ぶスタンスとして、つねに2つの視点を持っていることが重要です。

倹約も大事だけどお金を使ってもらわないと経済が回らないよ

個人

家計のために倹約は大事だね

お金と金融に まつわる経済学

難解なイメージのある金融という言葉。経済
学を理解するには　必須であるといえる用語
のため本章でわかりやすく解説します。

経済学⑤ 01

経済にはお金の存在が不可欠

毎日、必ず手にするお金。私たちの社会でどのような役割を果たしているのでしょうか？　もしお金が存在しない社会になったら？

日常の暮らしで何気なく使っているお金。もしあなたの資産が、土地や家屋、絵画、純金や貴金属、有価証券など、さまざまな形の財産で構成されているとしても、お金は必要です。労働に対する給与、海外旅行、洋服や車といった、この**世の中のありとあらゆる財やサービス価値を、同じ単位で測ることが可能**になるからです。

貨幣は財やサービスの価値を測る尺度

もし貨幣が存在しない社会だと、どうなるのでしょう？　なかなか取引が成立しなくなりますね。仮に、リンゴを欲するあなたが、肉の塊を持っていたとします。とすると、あなたはリンゴを持ち、同時に肉を欲しがっている人を見つけなければリンゴが手に入りません。この問題を解決するのが**貨幣の役割**であり、現代では必要不可欠な存在なのです。

もしも貨幣がない世界になってしまったら……

経済学⑤
02

金融ってどういうこと？

お金の存在をより有意義にし、経済社会全体に潤いを与えているのが金融機関。その役割は個人と企業を橋渡しする重要なものです。

お金は世の中のあらゆる方面へ行き渡ってこそ、その役割を果たします。つまり、**お金のあるところから、お金のないところへ行くこと**で、経済社会は発展する仕組みになっているのです。その際、お金が流れるように機能させるのが金融機関であり、**金融**とは資金の需要と供給の調整そのものなのです。

お金は金融機関があるからこそ流れる

● 金融の存在によってお金の流れが生まれる

金融とは資金の需要と供給の調整を指し、金融機関はお金が流れるようにする役割がある。

金融機関は、借り手と貸し手を結び付け、連鎖的に資金を流動化させるプロフェッショナル。ちなみに、この銀行による貸し出しの繰り返しによって、銀行全体として、**最初に受け入れた預金額の何倍もの預金通貨を作り出すことを「信用創造」**といいます。

金融機関の信用創造とは？

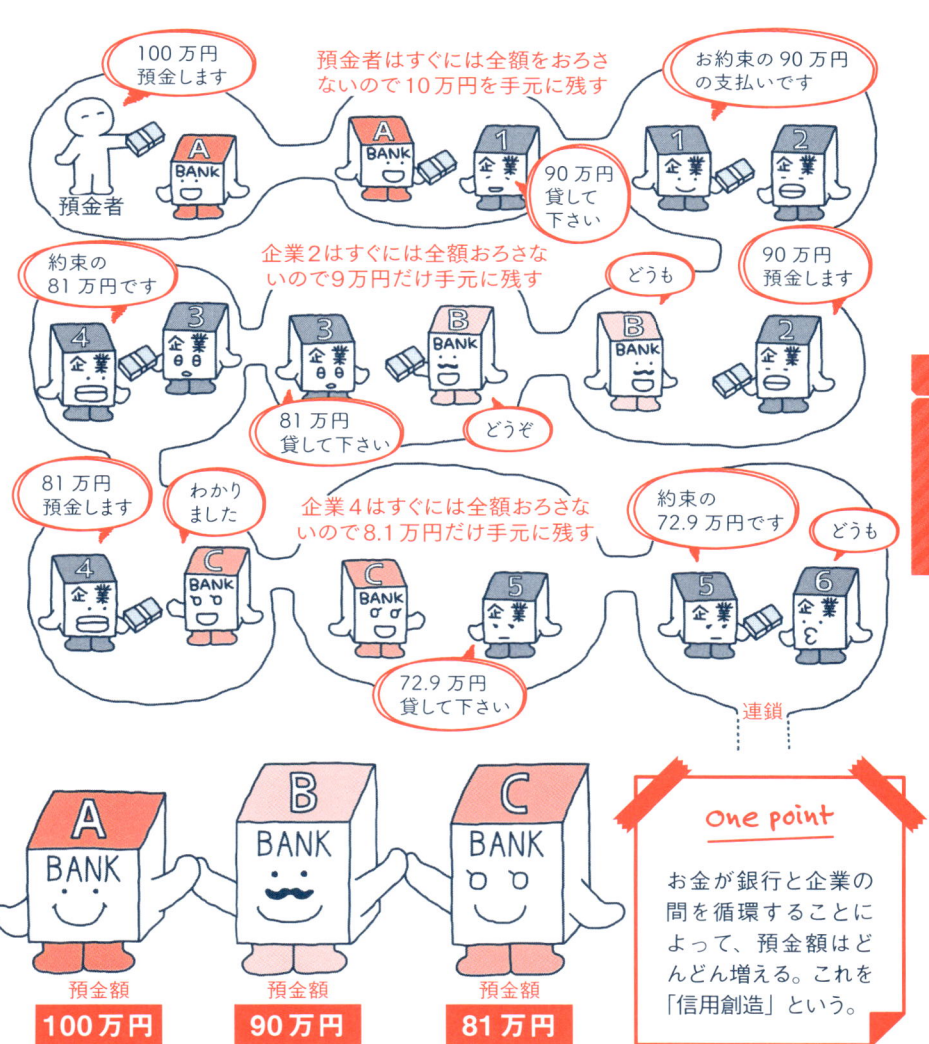

日本銀行ってどんな銀行？

経済学⑤
03

誰もが名前を知っている日銀ですが、意外に何をやっているのか理解されていないようです。ここでは代表的な3つの機能を解説します。

日銀、すなわち**日本銀行**の名はよく耳にしますが、具体的にどういうことを行う銀行であるかご存知でしょうか？　日銀は、日本の中央銀行（政策なども取り扱う銀行）で、主に3つの代表的な機能を備えています。まず、発券機能。日本通貨を独占的に発行する権限を持ち、さらに通貨の安定を図るため、**一国の流通総量全体を調節する役割も担っています。**

日本銀行の機能とは？

次に銀行のための銀行としての機能。一般の金融機関からお金を預かったり貸し付けたりします。金融機関同士の手形交換の振替決済も行います。3つ目は政府のための銀行としての機能。日銀は日本銀行法によって作られた特殊法人で、**政府から独立した形**になっています。それゆえ政府が集めた税金や、国債の発行で国民から調達したお金を管理するなど、政府の資金も預かっています。

経済学⑤
04

公定歩合って
どういうこと？

景気状況を見極めながら、お金の価値と総量をコントロールすることで、
経済全体のバランスを整えるのが日銀の大切な役割の1つ。

日銀の機能の1つとして、世の中に流通するお金の総量を調節し、通貨の安定を図ることについて前項で触れました。それに関連する代表的な役割として、「**公定歩合**の操作」があります。公定歩合とは、**日銀が一般の金融機関にお金を貸し出す際の金利**を意味します（※ 2006年8月以降に名称を変更して、現在は「基準割引率および基準貸付利率」と呼ばれています）。

「公定歩合」は通貨安定操作の1つ

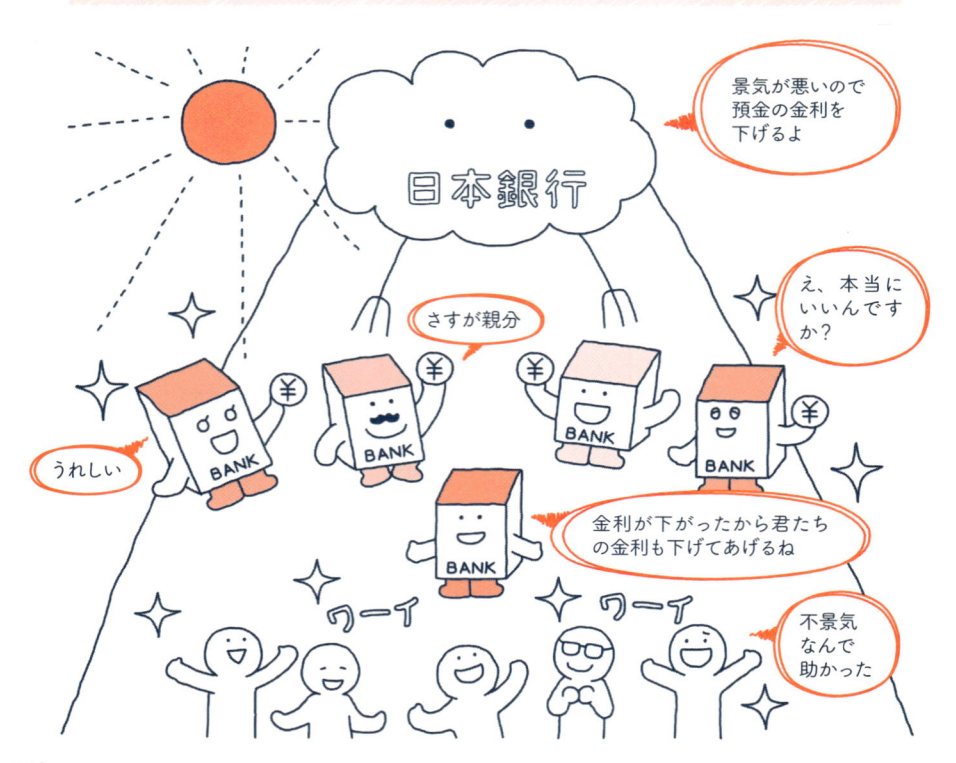

景気が良い時、銀行からお金を借りて事業に投資する企業が増えます。景気が過熱し、物価が上昇し始めると、インフレになる可能性が出てきます。日銀はこういった場合に公定歩合を引き上げます。企業がお金を借りる際の金利を上げるように仕向けるためです。これを金融引き締めといいます。逆に**景気が悪くなれば、日銀は金利を下げ、世に出回るお金の総量を増やします**。これを金融緩和といいます。

景気の安定や市中銀行の機能は日銀がカギを握る

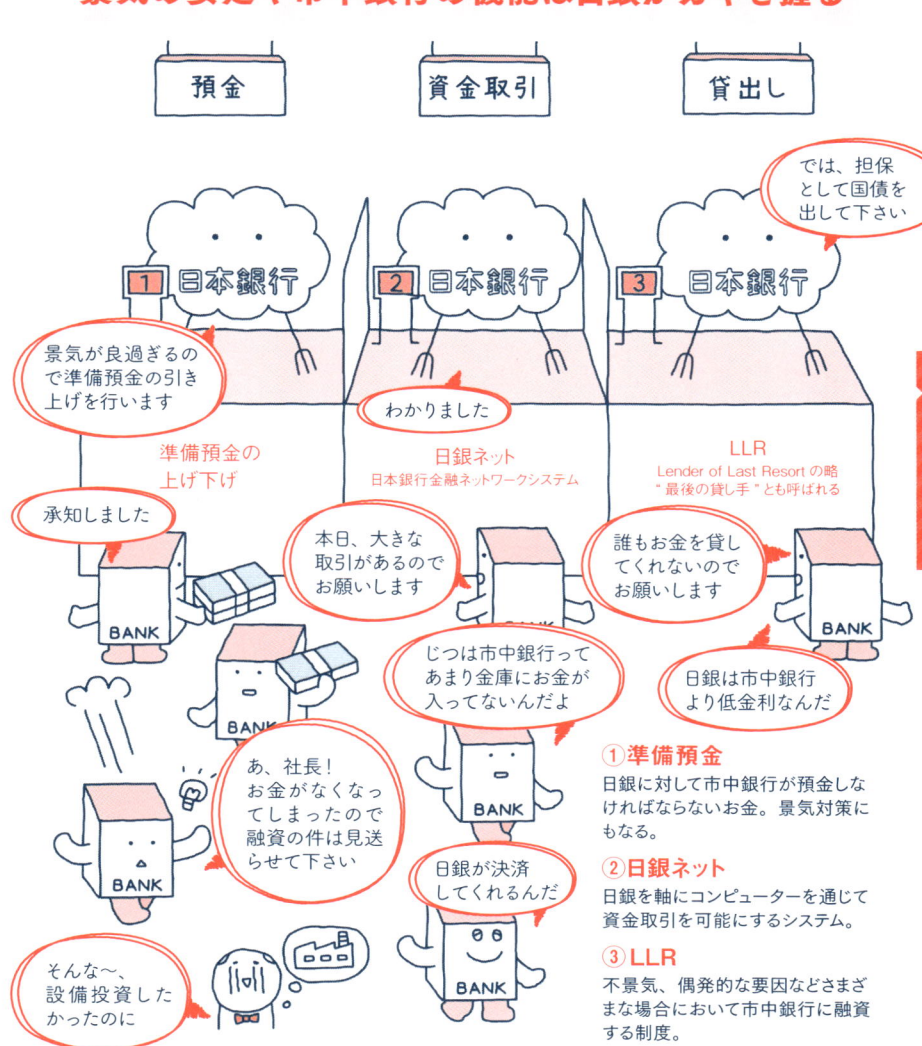

①**準備預金**
日銀に対して市中銀行が預金しなければならないお金。景気対策にもなる。

②**日銀ネット**
日銀を軸にコンピューターを通じて資金取引を可能にするシステム。

③**LLR**
不景気、偶発的な要因などさまざまな場合において市中銀行に融資する制度。

日本銀行の政策とは？

経済学⑤
05

景気の安定化は国にとって非常に重要な政策です。政府が行う財政政策
と区別し、日本銀行が独自で実施する金融政策を解説します。

「**金融政策**」とは、日本銀行が行う景気安定のための施策です。政府が主導する
財政政策とは区別して行われます。そもそも経済社会の原則として、貨幣が少な過
ぎると経済活動は鈍化し、逆に多過ぎれば景気が過熱し過ぎて弊害が出ます。前
項の公定歩合操作は金融政策の大きな柱の1つでした。しかし、**金融が自由化
されてから直接的な効果がなくなってしまいました**。

「売りオペ」と「買いオペ」で通貨量を調整

売りオペレーション　日銀が市中銀行に対して国債などを売る
こと。売ったお金が日銀に流れること
で、国内に流通している通貨量が減る。

一方で、公開市場操作と呼ばれる、お金の流通量の調節方法があります。好況時に**日銀が国債などを銀行に売り**（「**売りオペレーション**」）、世の中のお金を吸い上げます。不況時には**「買いオペレーション」で、世の中にお金を供給**します。また日銀の当座預金に銀行が積み上げているお金の準備率を上下して、民間銀行が企業へ貸し付けられる資金量を調整する政策（支払準備率操作）もあります。

買いオペレーション 日銀は市中銀行から国債などを買う。そのお金が市中銀行に流れることで、国内に流通する通貨量が増える。

経済学⑤
06 信用不安って どういうこと？

健全な経済社会の継続には、金融機関の信用の保持が必須です。
そのため、万が一の場合に備えた仕組みがいくつか作られています。

経済活動の大原則は、みんな金融機関を信用しているということ。もし仮に、明日あなたの全資産が銀行口座から引き出せなくなるとしたら、どうします？ 当然、銀行から全てのお金をおろそうとするはずです。**1つの金融機関が経営破綻すると、金融システム全体に悪影響**がおよび、非常に不安定な状態に陥ります。このような**信用不安**を防ぐため、実際には複数の仕組みが作られています。

一社の経営破綻が金融システム全体に悪影響を

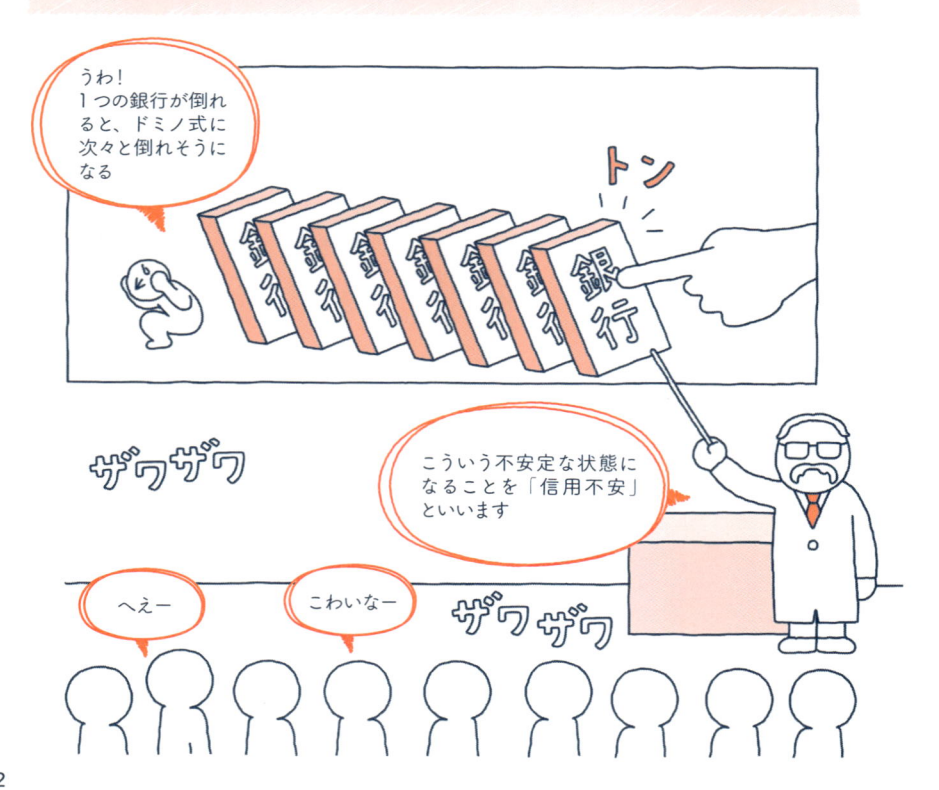

まず、預金者保護のために預金保険機構があります。銀行の倒産で預金払い戻しが不可能になった場合、預金払い戻しを肩代わりしてくれる機関です。また1名義あたり元本1000万円と利息分まで出資の預金保険機構が払い戻す、ペイ＝オフ制度もあります。ちなみに、金融庁は金融機関に対し、**業務実態やリスク管理状況などの健全性をチェックする役割**を果たして、信用秩序の維持に取り組んでいます。

預金者を保護して「信用不安」を払拭するシステム

経済学⑤
07

金融危機には
どんなものがある？①

需要の高まりとともに物価全体が上がり続ける状態がインフレーションです。好景気が引き起こす現象の1つですが、長引いてしまうと……。

¥

景気が良くなると、財やサービスに対する需要が高まり、物価は上がっていきます。企業も家計も売上や収入が増えていけば、さらに景気は過熱します。そうして物価がどんどん上昇することを**インフレ**といいます。また、年に1～2%という緩やかに進むインフレであれば、消費者の購買意欲は増えていきます。その場合は**経済が健全に成長していると見なされ、望ましい状態**であるといわれています。

需要の高まりがインフレを起こす

インフレが行き過ぎると連鎖的に弊害が生じます。たとえば1万円で買えた物が2万円出さなければ買えなくなると、お金の価値が半減したことになります。物価の急激な上昇は経済にとって大打撃です。預けてあった銀行預金の価値は目減りしてしまい、みんながお金を信用しなくなります。結果として**世の中にお金が流通しなくなり、最終的には不景気に陥ってしまう**のです。長引けば金融危機となります。

インフレから不景気に

◉ **インフレが過熱すると金融危機に陥る**

景気が上がり国内に流通する通貨量が増えると、物の値段は上がってしまう。物の値段が上がると買い控えが始まり、それが金融危機の引き金になってしまうことも。

金融危機には
どんなものがある？②

インフレとは逆に、物価が下落し続ける状態をデフレーションといいます。
経済社会への悪影響は大きく、脱却は容易ではありません。

デフレとは、モノの価格が継続的に下がり続ける状態を指します。需要と供給のバランスでいえば、**供給過剰（モノ余り）によって起こる現象**だと考えられています。デフレになる原因は、簡単にいうと「商品が売れないから」です。商品が売れないと、企業は商品を買ってもらおうと価格を下げますが、それにより企業の利益が少なくなり、総体としてぼくらの給料も下がってしまいます。

デフレの原因は多岐にわたって考えられる

物が売れなければ物価が次々と下がり、企業の収益は悪化します。しわ寄せはそこで働く社員におよび、減収や解雇という事態を招くこともあります。このような**負の現象が連鎖して物価が下がり続けることを「デフレ・スパイラル」**と呼びます。一旦デフレになると歯止めがきかなくなります。

デフレ・スパイラルはえんえんと続く

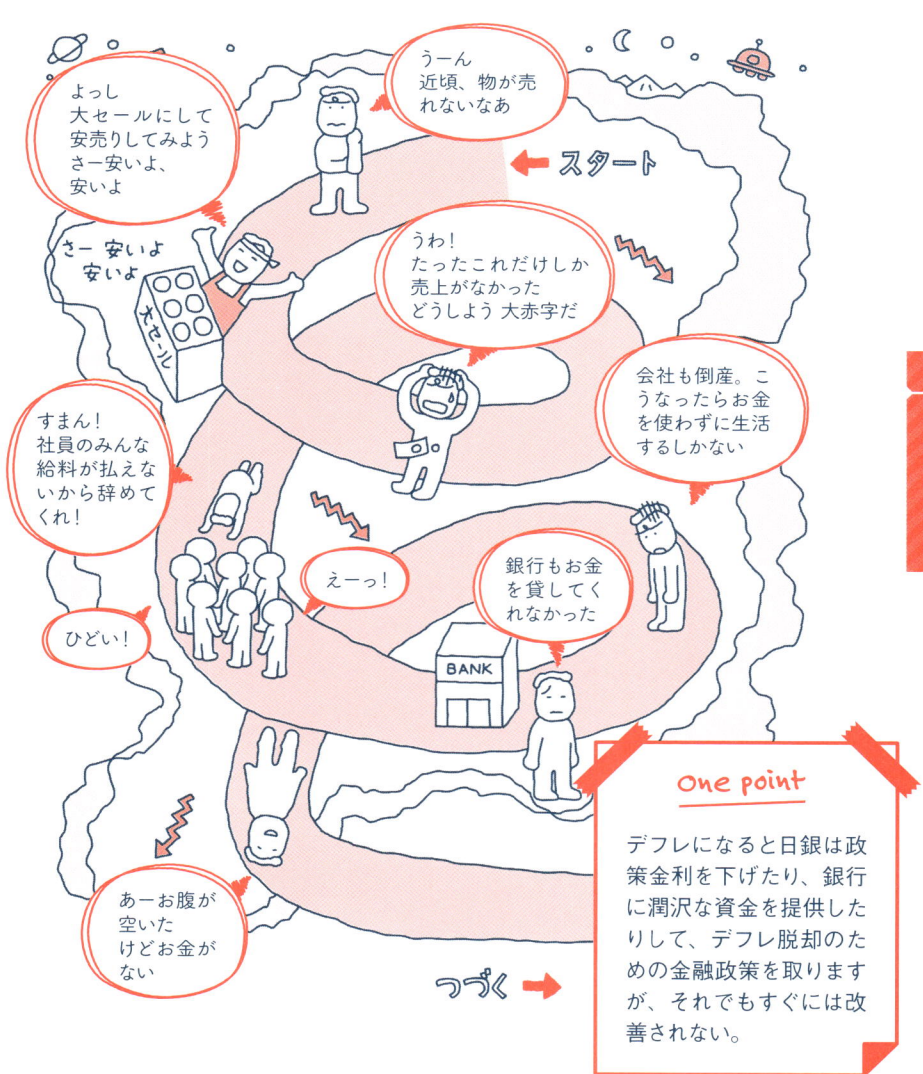

one point

デフレになると日銀は政策金利を下げたり、銀行に潤沢な資金を提供したりして、デフレ脱却のための金融政策を取りますが、それでもすぐには改善されない。

経済学⑤ 09

インフレって困るものなの？

インフレには好景気時に起きるものと、不況時に起きるものがあります。
経済学的見地では、緩やかなインフレが望ましいといわれています。

日本経済は1970年代の石油ショック時に、年率20％以上ものインフレを経験しました。その後、1990年代に入ると物価水準が下落し、以来デフレ傾向です。緩やかなインフレが望ましいと、**日銀は2％程度のインフレ率実現を政策目標としている**もなかなか実現しません。P.124でも触れましたが、需要量の増加に生産量が追いつかずに生じるインフレは好景気時に起きるため、**良いインフレ**とされています。

良いインフレと悪いインフレ

良いインフレ

経済が活性化し、需要が供給を上回っている状態。物の値段も上がっているが、人々の収入も上がっているので、経済的には望ましい状態

one point

実際、インフレは世の中が不況から立ち直る過程でよく起きる現象であることから、経済が健全に推移している証であるともいわれている。

一方、賃金や原材料費などのコスト上昇によって生じるインフレは不況時に見られ、**悪いインフレ**とされています。また、インフレ率が加速するにつれ、**月率50%を超える猛烈なスピードで上昇する「ハイパー・インフレ」**は、経済活動を混乱させる悪いインフレの典型といわれています。いずれにせよ物価安定は経済政策の目標の1つであり、価格変動の激しい不安定なインフレは望ましくありません。

ひと口にインフレといっても種類はさまざま

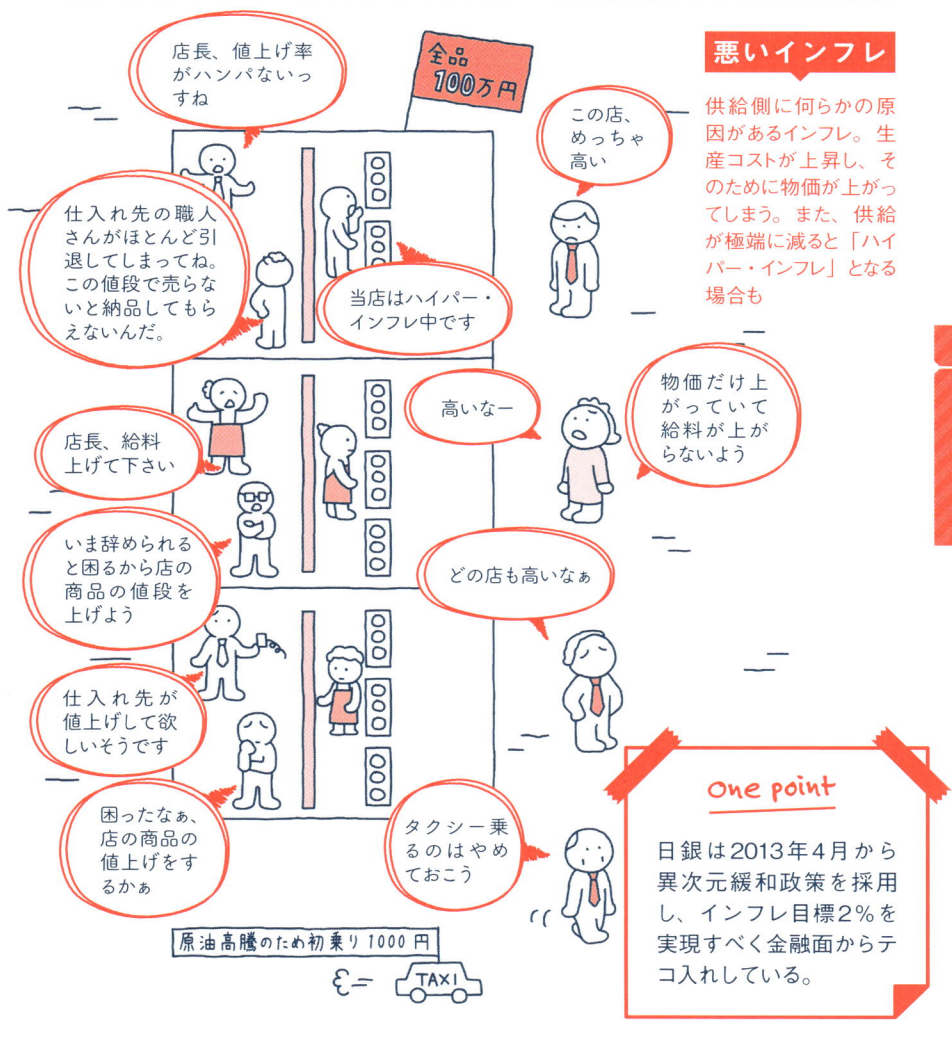

経済学⑤

10

バブル経済って何だったの？

日銀主導による公定歩合の引き下げが発端となった日本のバブル経済。
土地や株式に無謀な投機が繰り返されたあげく、政府の対策で……。

1985年9月、プラザ合意により、当時1ドル240円水準だった円は、2年半後に120円台まで急上昇しました。日本はたちまち円高不況に見舞われます。事態を憂慮した日銀は5回に及ぶ公定歩合の引き下げを続け、最低水準まで引き下げました。その結果、資金が過剰に社会へ流動したため、金融機関から**低金利で融資を受けた企業が余剰資金で財テクに走り始めました**。これが**バブル経済**の要因です。

バブル経済の始まりから終わりまで

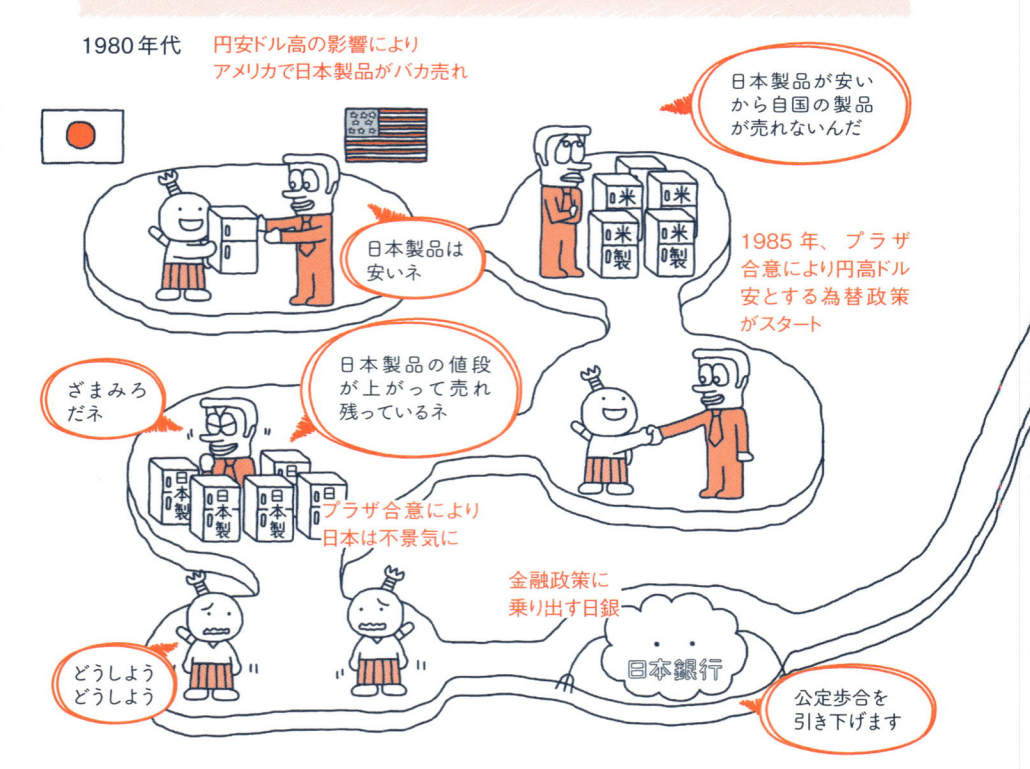

金融市場に注目が集まり、続いて地上げによる地価高騰が全国の住宅地にまで波及しました。そうして企業も個人も、土地や株式、美術品といった資産に投資し始め、さらに含み資産を担保に借金をして、また投資するという無謀な投機ムードが日本に蔓延します。これが膨張の一途を辿ったバブル経済で、**実態のない好景気に人々が惑わされただけ**でした。翌年にはバブルは弾け出し、**崩壊**へと向かうのでした。

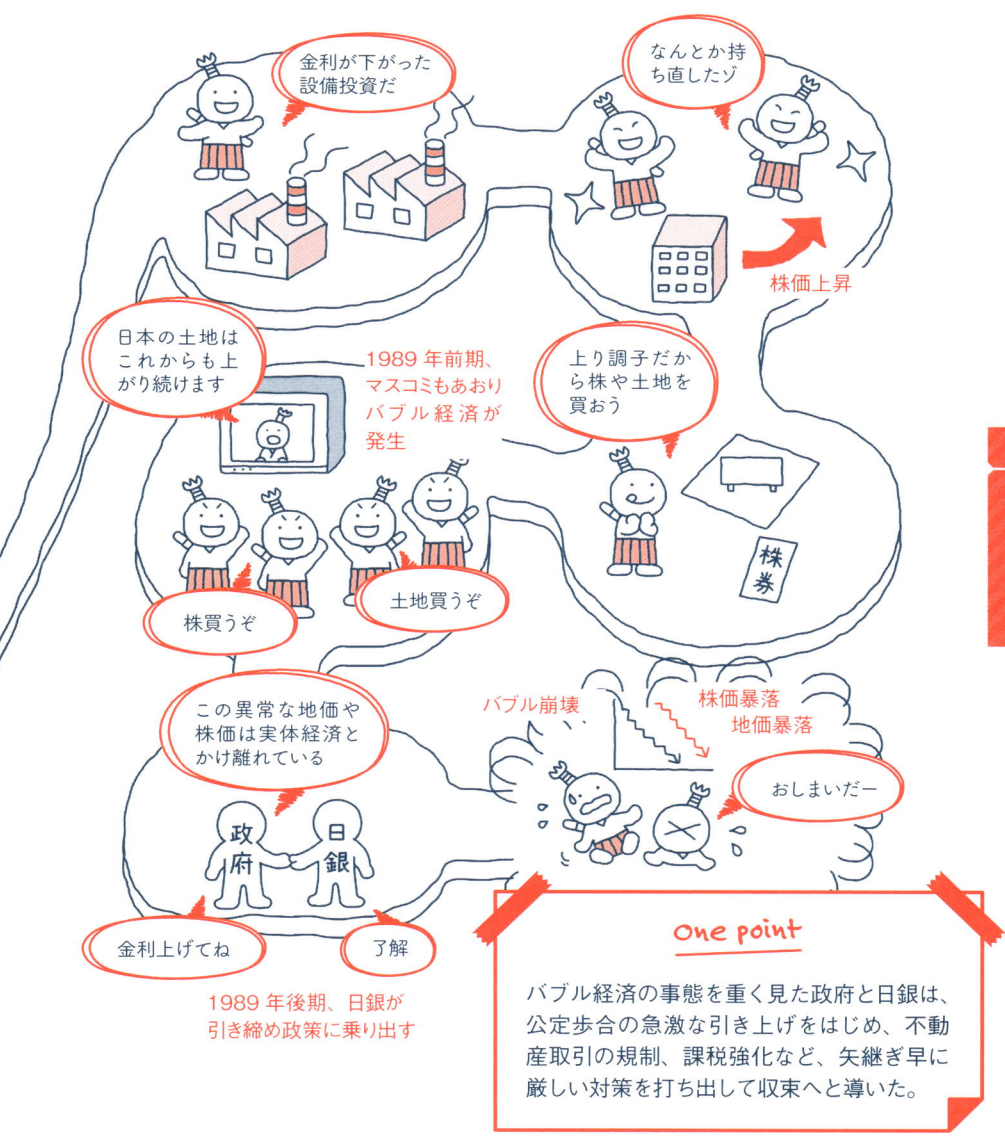

経済学⑤

11

なんで日本は
デフレになったの？

日本のデフレ停滞の背景には、バブル崩壊後に残った爪痕があります。
円高や少子高齢化といった経済社会をめぐる諸問題も無視できません。

日本の経済は長らく「デフレ」に苦しんでいて、なかなか抜け出すことができません。
このデフレの原因を簡単にいうと「物が売れないから」ですが、物が売れなくなると、お店は消費者に買ってもらうために、やむを得ず値段を下げることになります。さらに、お店の利益は下がると商売が縮小されるので、仕入れていた材料を減らさないとなりません。この負の連鎖こそが「**デフレ不況**」です。

日本のデフレ連鎖はいつまで続くか不透明

◉ **日本はバブル崩壊後デフレが続いている**

働く賃金が減ると、企業も人も連鎖的に資産が減ってしまう。現在の日本はいまだこの渦中にある。

また、物の値段が下がっている時は、企業はどうにかして利益を出そうとします。そのため給料もなかなか上がりません。お金を稼ぐことが大変になると、「使わず貯金しよう」とします。このような状況下は、企業でも同じです。投資をせずに貯金するばかりで、新しいビジネスの仕掛けがなくなります。だからこそ、この**デフレ不況を食い止めるべく、国はさまざまな策を打っている**のです。

デフレ不況対策としてクリアすべきハードル

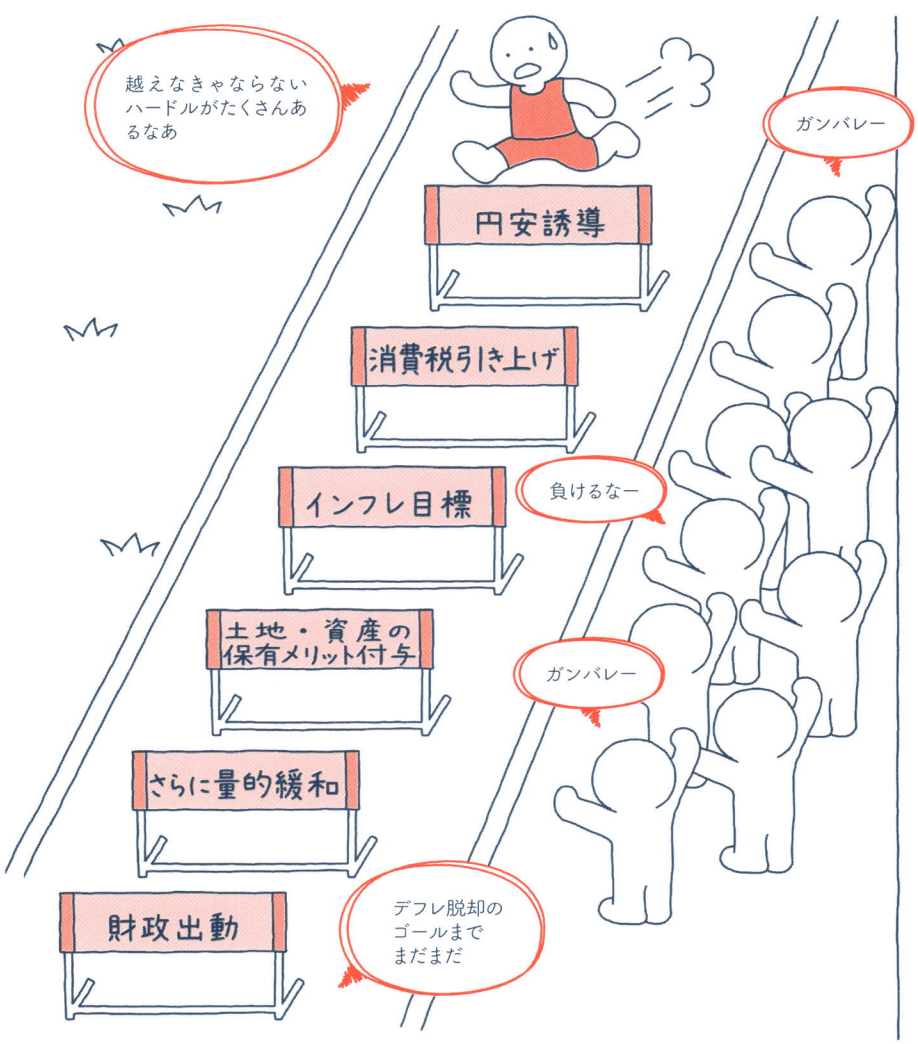

今さらだけど アベノミクスって何？

経済学⑤
12

経済成長への高い期待から話題になったアベノミクス。じつは経済学理論に基づいた政策として識者の注目を集めたものの……。

経済政策を最重要視する安倍内閣は、**大胆な金融緩和、機動的な財政政策、成長戦略を柱とする「3本の矢」** を掲げました。これらが**アベノミクス**の主方針です。じつはアベノミクスは経済学の理論にのっとった政策だといわれています。そしてその目的は経済成長、すなわち GDP の増大にあります。そのため財政政策では政府による公共事業と減税、金融緩和では日銀による国債買取を掲げています。

アベノミクスによるデフレ打開策

①大胆な金融緩和

インフレ率が2％上昇するまで量的緩和策を講じる金融政策。

日本銀行
現金 BANK 国債

デフレ
ガオー

②機動的な財政政策

リニアモーターカーや道路、橋など公共インフラの建設事業を増やす。

勝てるかなぁ

逃げちゃダメだ

いっけぇぇぇ！

③民間投資を喚起する成長戦略

ロボット産業や宇宙ビジネスといった新しい産業を創出。

金融緩和とは、中央銀行（日本銀行）が金利を引き下げて、人々や企業がお金を借りやすくするという政策です。金利が下がると資金調達がしやすくなるため、たとえば消費者は住宅ローンが借りやすくなり、企業も事業投資がしやすくなります。そのためみんなが買い物をするようになり、景気も底上げされるという考え方です。

「金融緩和」におけるインフレ目標政策

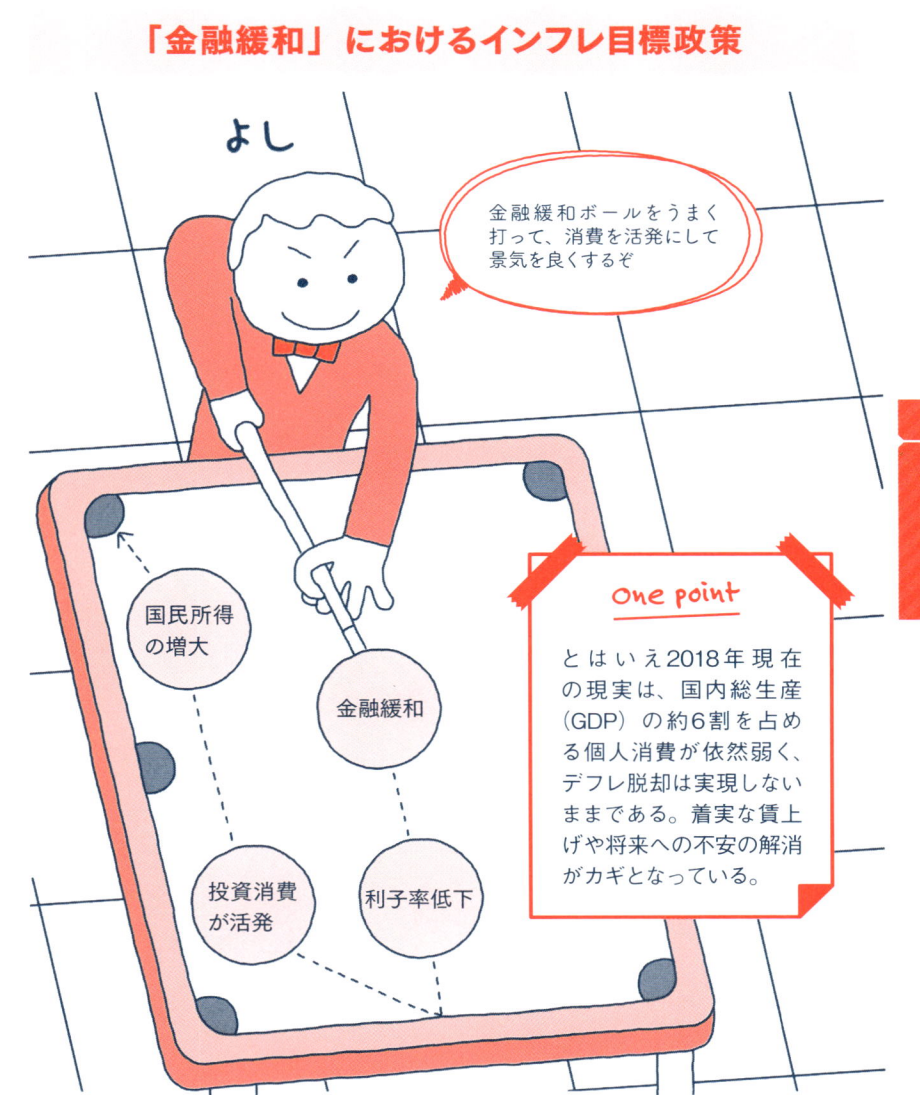

よし

金融緩和ボールをうまく打って、消費を活発にして景気を良くするぞ

国民所得の増大

金融緩和

投資消費が活発

利子率低下

one point

とはいえ2018年現在の現実は、国内総生産（GDP）の約6割を占める個人消費が依然弱く、デフレ脱却は実現しないままである。着実な賃上げや将来への不安の解消がカギとなっている。

column no.05

長時間労働には
経済的合理性があった !?

　日本人の年間平均労働時間は 1970 年代まで 2000 時間を超えていましたが、現在は 1800 時間程度に減ってきました。数字上では欧米諸国と大差はなく、日本人が他国の人より働き過ぎというわけではありません。ただ、この平均労働時間の減少は、パートタイムなどの非正規雇用の人の割合が増加していることや、「サービス残業」といわれる残業手当が支払われない労働時間もあるだけに、一概に平均労働時間が減ったとは考えられません。

　また、働き過ぎは健康リスクを脅かすだけに、体を壊して働けなくなる人が続出すれば、日本全体の経済にも影響します。

　ただ、経済学的観点でいえば、長時間労働は労働者側にしても、企業側にしても経済的合理性があるのは確かです。たとえば、手取り 20 万円の労働者が残業代として 4 万円をもらえれば、20％の給与アップです。逆に企業は、不況などによって人件費削減を迫られた場合、人員整理をせずに残業代のカットで 20％のコストを下げられます。

グローバルな経済の仕組みが知りたい

最近よく耳にするようになった「グローバル」
という言葉。経済学との関連性をわかりやす
くレクチャーしていきます。

経済学⑥
01

私たちの生活は 貿易なくして成り立たない

貿易は日本経済の要ともいえる存在です。日々の暮らしで必要な食料のほか、産業基盤を支える大切な流通ラインとして機能しています。

食料をはじめとするあらゆる天然資源が、国民総数に対して乏しい日本にとって、諸外国との**貿易は経済的に発展するためにも不可欠**なもの。貿易なくして今の私たちの生活は成立しないといってもいいでしょう。食品の輸入が完全に止まってしまえば、食べるものに困る暮らしになってしまいます。また輸出がストップしてしまうと、工業製品の輸出産業は大打撃を被り、日本の経済は低迷するでしょう。

貿易は国ごとに得意な生産物をキャッチボール

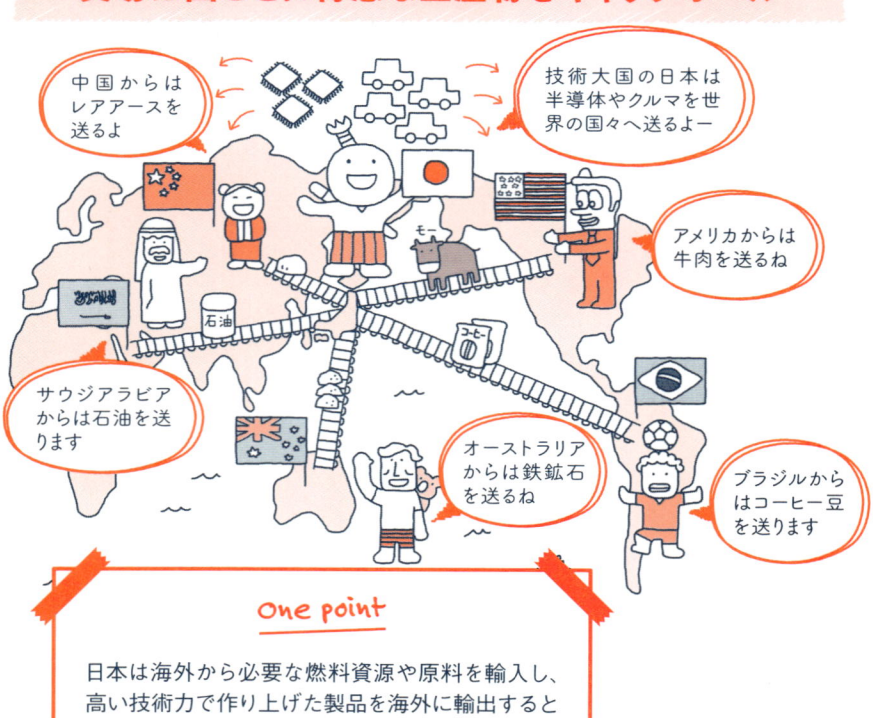

中国からはレアアースを送るよ

技術大国の日本は半導体やクルマを世界の国々へ送るよー

アメリカからは牛肉を送るね

サウジアラビアからは石油を送ります

オーストラリアからは鉄鉱石を送るね

ブラジルからはコーヒー豆を送ります

one point

日本は海外から必要な燃料資源や原料を輸入し、高い技術力で作り上げた製品を海外に輸出するというスタイルで、世界的な経済成長を遂げた。

では、貿易が社会にもたらす利益について説明します。ある財の需要と供給の関係を、貿易開始以前と貿易開始以降で比較するとわかりやすいでしょう。通例、貿易が行われると、流通量が増え、その財の価格は下がります。**国内の生産者は安い外国製品と競争しなくてはなりません**。一方で、消費者はより安く商品を買えるようになります。貿易をすることで社会全体にはプラスの影響があります。

輸入によって生まれる新たな市場

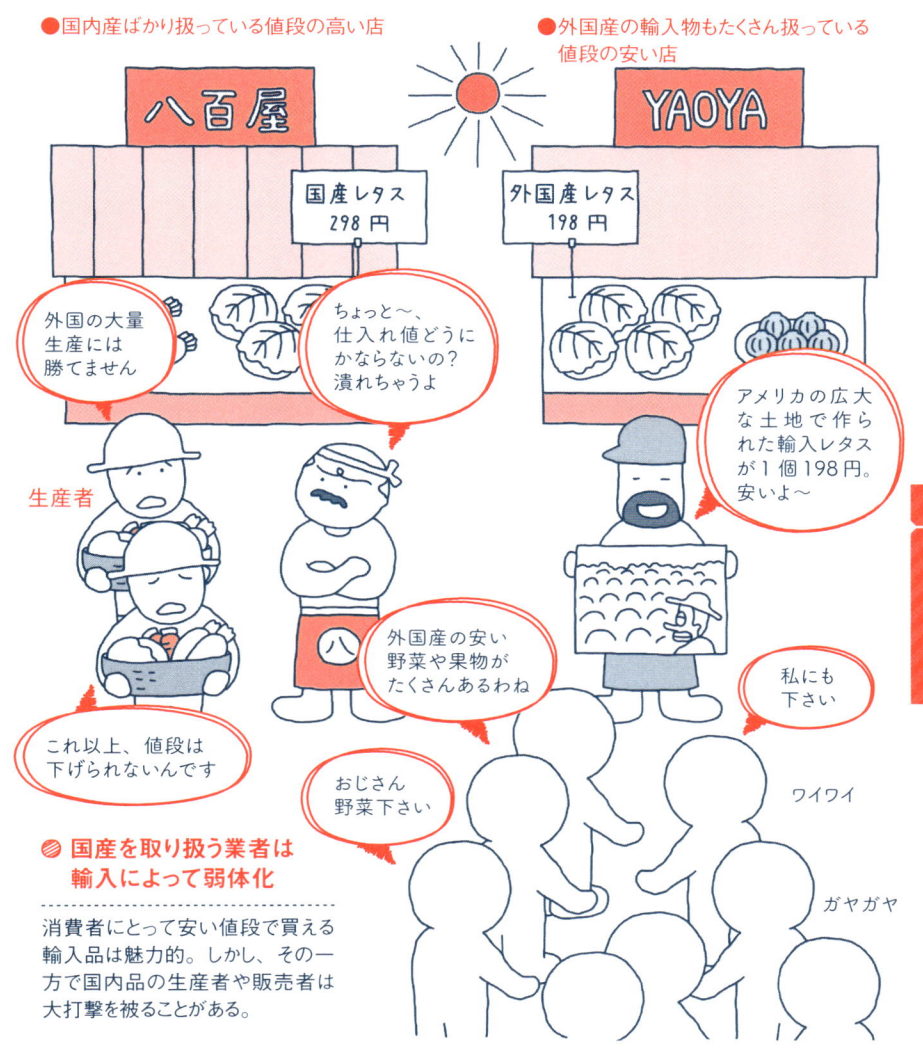

●国内産ばかり扱っている値段の高い店

●外国産の輸入物もたくさん扱っている値段の安い店

6 グローバルな経済

経済学❻

02 貿易の基本的な考え方とは？

貿易で利益を上げるには、他国との相対的な生産性を考慮して、自国にとって効率の良い生産物を作るのが得策です。

各々の国や企業は、自らの得意な商品を相手国に輸出します。これが、イギリスの古典派経済学者デヴィッド・リカードが提唱した「**比較優位の原則**」です。ではたとえを挙げて解説します。日本とカナダがそれぞれリンゴとブドウを生産できるとします。カナダは日本よりどちらもたくさん生産が可能だとしましょう。

比較優位の原則とは？

相手と比べて優れていることを
経済学では「絶対優位」という

つまり、カナダのほうが絶対優位です。が、相対的な生産性が両国で異なっていればどうでしょう？ **リンゴ1単位を減産した際、何単位のブドウが増産できるかという考察**です。カナダは日本より多くのブドウを生産でき、逆に日本はブドウを1単位減産したら、カナダ以上にリンゴを生産できるとします。この時、カナダはブドウの生産に比較優位があり、日本はリンゴの生産に比較優位があるといいます。

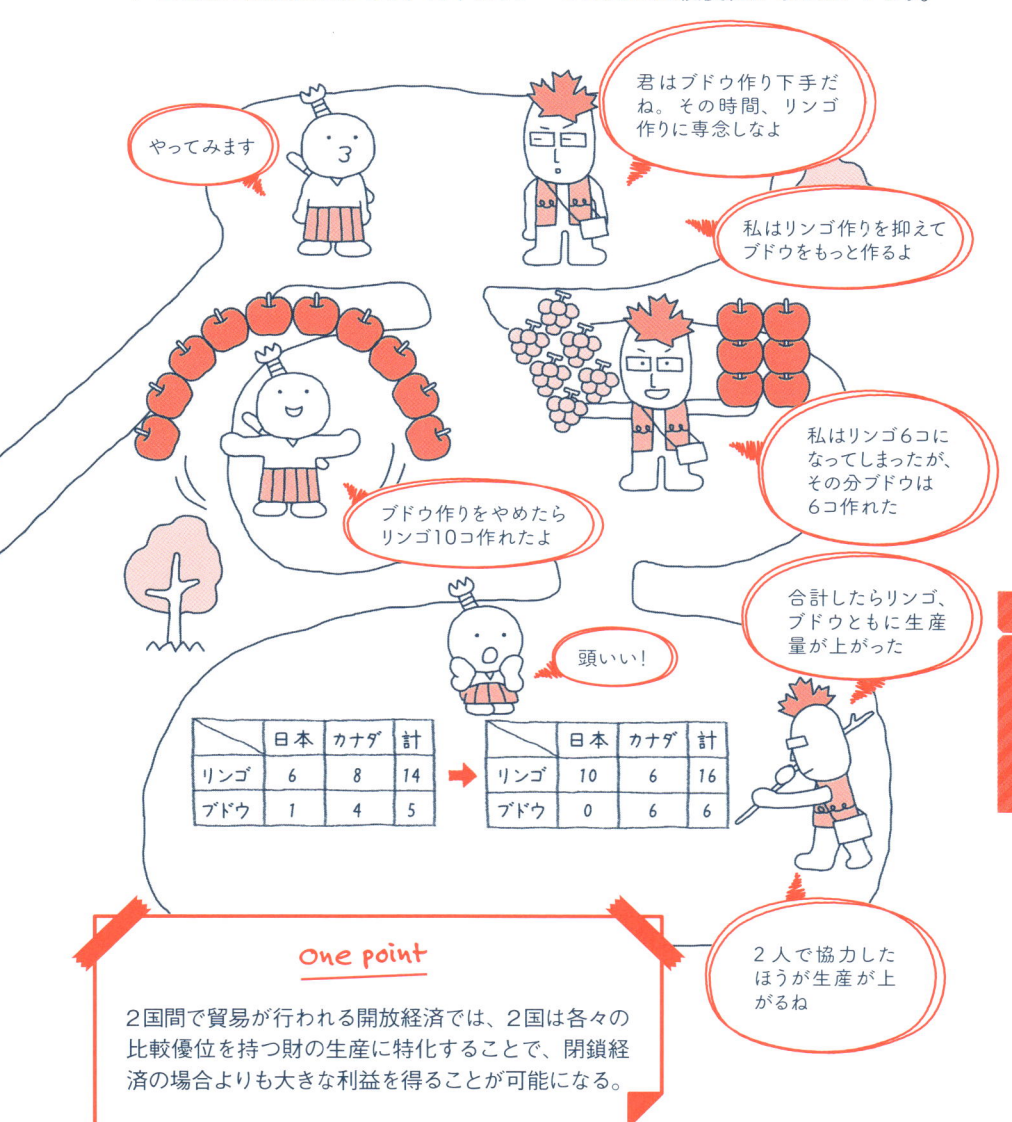

経済学⑥
03

貿易の際、主に使われている通貨は？

世界中の取引で使われる中心的通貨は、その発行国が経済的にも軍事的にも大国として認められている証です。では、現在はどこの国の通貨が？

「**基軸通貨**」とは、世界の金融取引や貿易取引で中心的に使われているお金のことを指します。その変遷を辿ってみると、19世紀半ばから20世紀の初めまでは英国のポンドが基軸通貨で、そして**第2次大戦後は米国ドルが圧倒的に用いられる**ようになりました。これは米国が経済的にも軍事的にも大国として世界中から認められると同時に、ドルが国際的通貨として安定していることを表しています。

一般的な「基軸通貨」を使う流れ

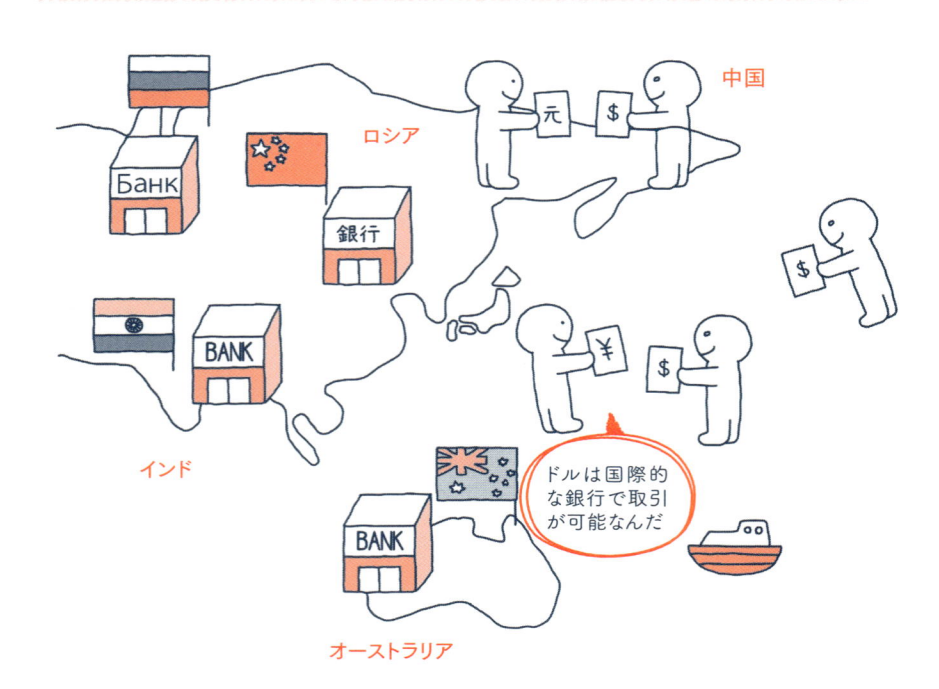

中国

ロシア

インド

オーストラリア

ドルは国際的な銀行で取引が可能なんだ

基軸通貨には3つの役割があります。まずは**国際的な貿易や資本取引に利用されること、次に各国通貨の価値基準となること、そして各国が対外準備資産として保有すること**です。基軸通貨は協議を経て決まるものではなく、「政治的・経済的に安定している」「発達した金融・資本市場が存在する」「対外的取引規制がない」などの条件に合致した国の通貨が利用されています。

One point

米ドルは現在、アメリカ合衆国国内の流通通貨としての役割だけでなく、国際的な通貨取引においての交換通貨としての役割も担っており、さらに国際マクロ経済においても、為替や物価を安定させる役割を担っています。

6 グローバルな経済

143

経済学⑥
04

日本の貿易は うまくいっているの？

国の企業や個人が、他の国のそれらと行った支払いと受け取りの記録が「国際収支」。近年、日本の「経常収支」の赤字が話題でしたが……。

日本と海外諸国との経済取引において、全体を表す統計のことを **「国際収支」** といいます。国際収支は大きく分けて2つ。まず「経常収支」です。これは貿易やサービスの輸出入からなります。「資本収支」は株式や債券、不動産の売買収支です。さらに経常収支は「貿易収支」「サービス収支」「所得収支」などに分かれます。また資本収支は主に「直接投資」と、「証券投資」などの投資収支で構成されています。

国際収支は会社の決算に似ている

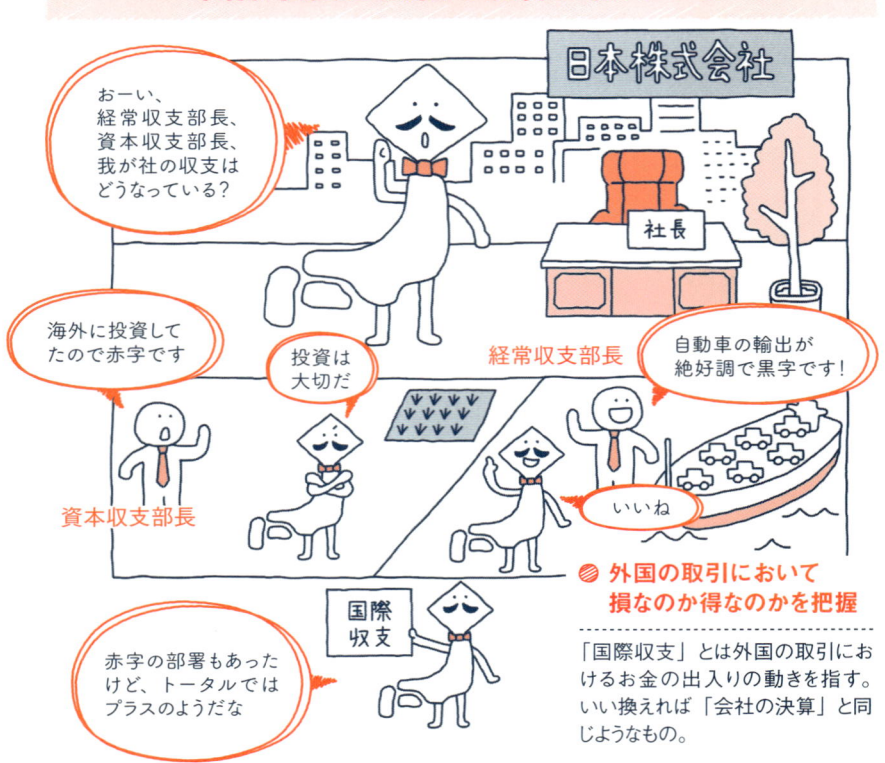

◉ 外国の取引において 損なのか得なのかを把握

「国際収支」とは外国の取引におけるお金の出入りの動きを指す。いい換えれば「会社の決算」と同じようなもの。

日本は 2011 年から貿易赤字（輸出より輸入が多い状態）が続いていましたが、2016 年、2017 年は黒字になっています。その一方で資本収支は、日本が外国の株式や債券、不動産など対外資産への投資が盛んな反面、日本への海外からの投資が少ないため、大幅な赤字です。投資などについては**日本に入ってくるお金（収入）より、日本から出ていくお金（支出）のほうが多い**ということですね。

近年、日本の貿易収支は赤字が続いた

アメリカの貿易は うまくいっているの？

経済学⑥ 05

じつは長期にわたって貿易赤字を続けているアメリカは、アンバランスな資本流入によって経済が支えられています。果たしてその実態とは?

意外に思われる方がいるかもしれませんが、世界最大の経済大国**アメリカは、もう何年も貿易赤字**を続けています。つまり輸出する以上に、輸入しているわけです。しかも 2017 年は 9 年振りの高い水準でした。ではなぜアメリカ経済が通常に保たれているかというと、**海外からの莫大な資本流入によって支えられている**のです。もちろんこういった状況はアメリカの経済にとって健全であるとはいえません。

貿易赤字でもアメリカ経済が破綻しない理由

アメリカが貿易黒字だったのは 1980 年代初頭までの話です。つまり、30 年以上も**借金をして消費を続けている国であり、ある意味それで成り立っている国**といえます。貿易赤字というと経済的に厳しい印象を受けますが、アメリカの経済は今なお成長を続けているのです。むしろ、日本はアメリカの国債を世界で最も保有していますが、実際に使えるお金は増えていません。

1分でわかる「サブプライム問題」

経済学⑥
06

円高と円安ってどういうこと？

頻繁に耳にする円とドルの為替レート。わずか数円の上下でも急激に変化すれば企業や国の経済状況が大きく動くこともあるのです。

ニュースを見ていると毎日報道される円とドルの為替レート。「**円高**」「**円安**」という言葉は経済に詳しくない人でも一度は耳にしたことがあるでしょう。では具体的にそれらのメリットとデメリットを考えてみましょう。まず**円高の最大のメリットは輸入財やサービスが安く買える**こと。輸入する財で生産活動を行う企業は生産費が安くなります。身近なところでは、外国通貨を安く交換できるため海外旅行が得になります。

円高・円安のメリットデメリット

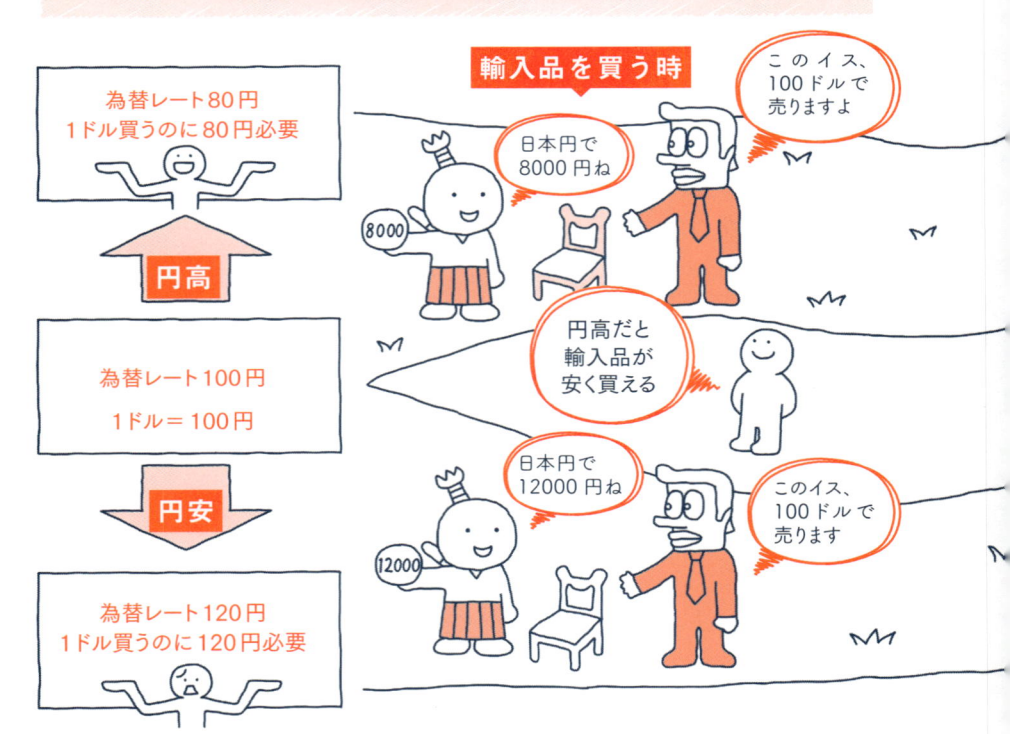

円高で厳しい影響を受けるのは国内の輸出企業です。外国通貨（主にドル）での売値が変化しなければ、円高の分だけ収益が減少してしまうからです。円高になると、原材料を輸入する際にはメリットが生まれますが、その商品を輸出する際には損をしてしまいます。そのため円高が進行すると、生産費用を抑える目的で外国に生産拠点を移す企業が増加します。

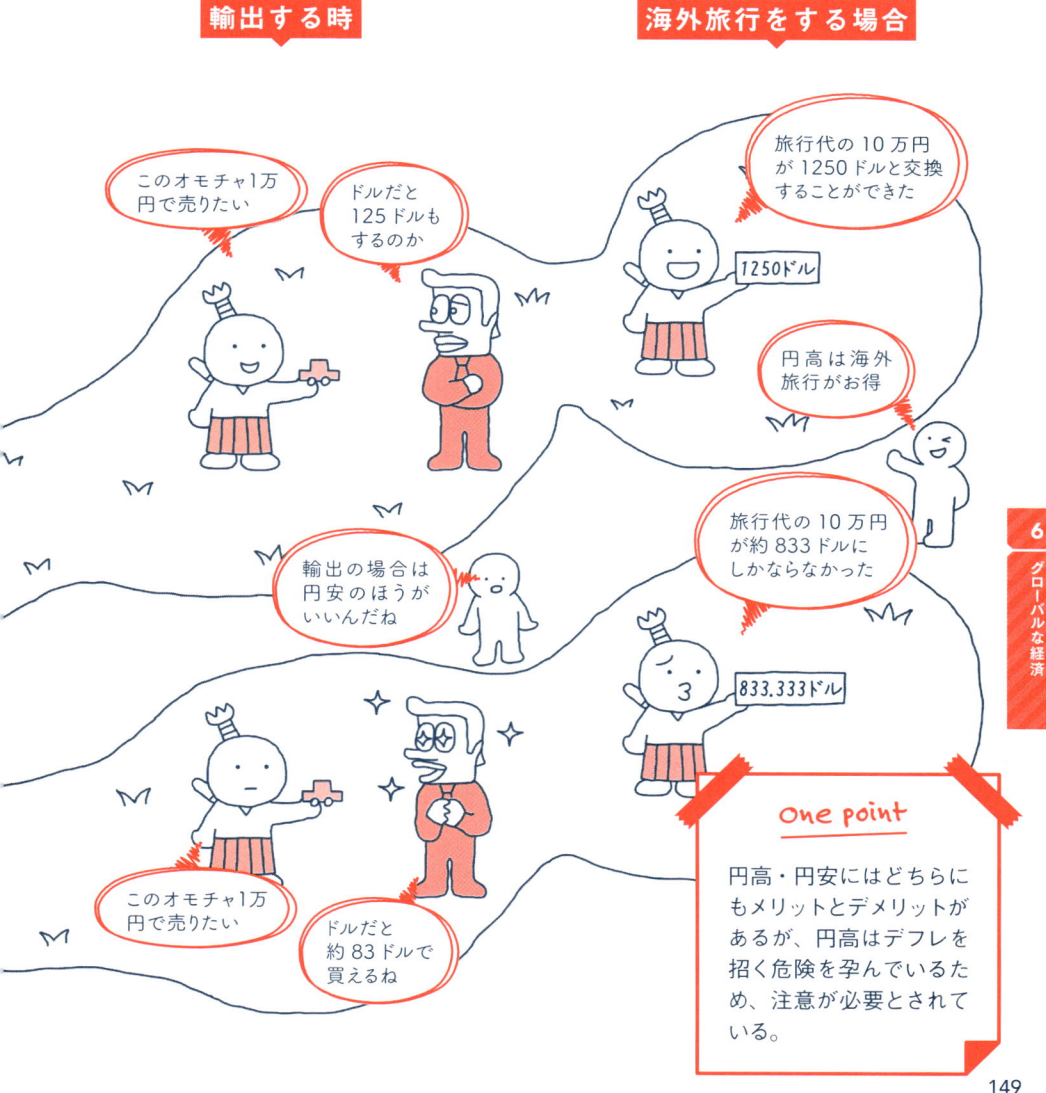

輸出する時

このオモチャ1万円で売りたい

ドルだと125ドルもするのか

輸出の場合は円安のほうがいいんだね

このオモチャ1万円で売りたい

ドルだと約83ドルで買えるね

海外旅行をする場合

旅行代の10万円が1250ドルと交換することができた

1250ドル

円高は海外旅行がお得

旅行代の10万円が約833ドルにしかならなかった

833.333ドル

one point

円高・円安にはどちらにもメリットとデメリットがあるが、円高はデフレを招く危険を孕んでいるため、注意が必要とされている。

149

経済学⑥
07

経済統合ってどういうこと？

国家の枠組みを超えて活動し、経済の開放と市場の統合を目指す流れが加速化しています。そこにあるメリットとデメリットとは？

経済統合とは、国家間における通商の際にかかる関税や規制、投資や人の移動の制限などを撤廃して、互いの協力のもとに地域的な経済圏を作ることです。たとえば、**通貨統合**まで視野に入れて 1993 年に発足した EU は、欧州各国の政治経済連合を目指しました。**1999 年にはユーロという共通通貨が実際に導入され、欧州経済は活性化**していきました。

経済統合の先駆けはヨーロッパ

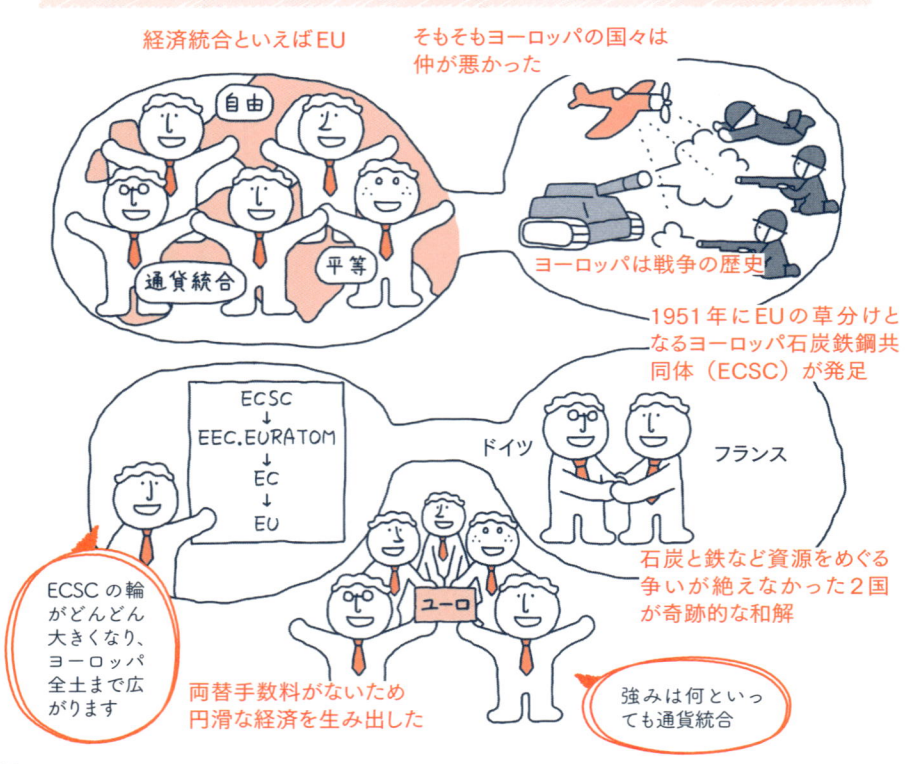

経済統合といえば EU

自由 通貨統合 平等

そもそもヨーロッパの国々は仲が悪かった

ヨーロッパは戦争の歴史

1951 年に EU の草分けとなるヨーロッパ石炭鉄鋼共同体（ECSC）が発足

ECSC → EEC.EURATOM → EC → EU

ドイツ　フランス

石炭と鉄など資源をめぐる争いが絶えなかった 2 国が奇跡的な和解

ECSC の輪がどんどん大きくなり、ヨーロッパ全土まで広がります

ユーロ

両替手数料がないため円滑な経済を生み出した

強みは何といっても通貨統合

しかし、**経済統合**はメリットだけでなく、デメリットをもたらす場合もあります。統合地域内で同じ通貨を使うため、各国の経済状態に合わせた個別の金融政策（景気対策）ができなくなってしまうのです。また、近年のギリシャの経済危機のように、**ある国の不景気が他の国々にも悪影響を及ぼしてしまう場合もあります。**

悪影響が一気に広がるデメリットもある

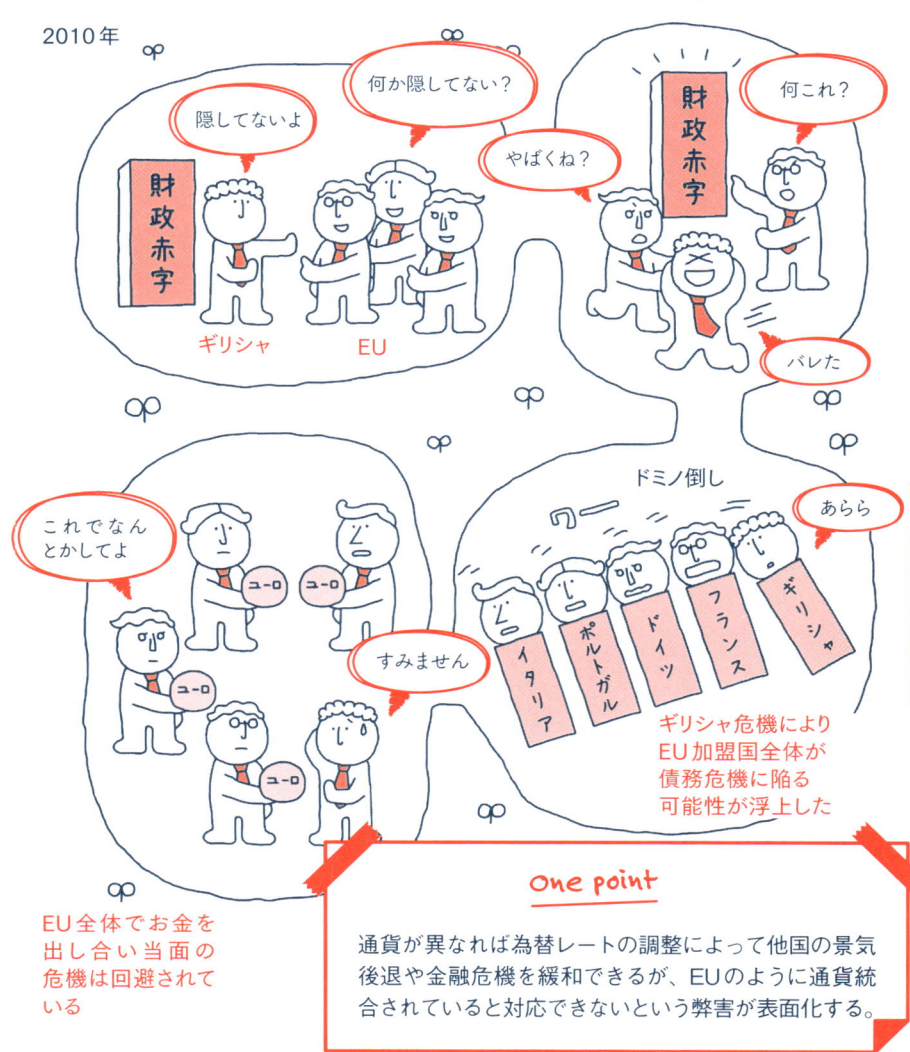

経済学⑥
08 TPP もグローバリゼーションの一環

貿易国・日本は諸外国との取引条件を有利にするため、TPP への参加を決めていますが、大打撃を受ける産業があるのをご存知ですか?

現在、日本の**主要貿易相手国は、中国、ASEAN、アメリカ、EU** という順です。日本は ASEAN との FTA（自由貿易協定）および EPA（経済連携協定）は締結しているものの十分ではなく、お互いまだ自由貿易はできていません。ちなみに、工業製品の輸出ライバル国である韓国は、アメリカと EU に対し FTA と EPA の署名をすでに済ませています。

FTAとEPAにおける日本の立場

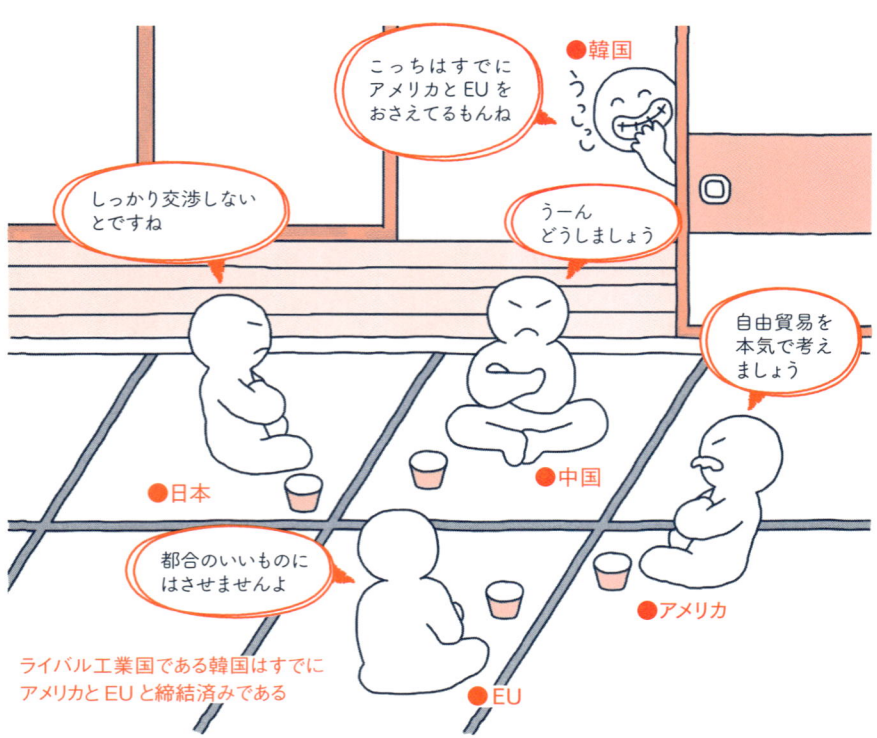

ライバル工業国である韓国はすでに
アメリカと EU と締結済みである

よって日本は韓国と比較した場合、貿易に不利な関税率を余儀なくされています。ここで注目されてきたのが **TPP**（環太平洋戦略的経済連携協定）です。**TPPでは参加国の貿易品目のうち 95％の関税を撤廃**しなくてはなりません。当然、参加すれば輸出の伸びは期待できますが、諸外国から安い商品が流入してきます。お米をはじめとして日本の農業は大打撃を受けてしまうリスクがあるのです。

TPPは世界屈指の自由貿易圏

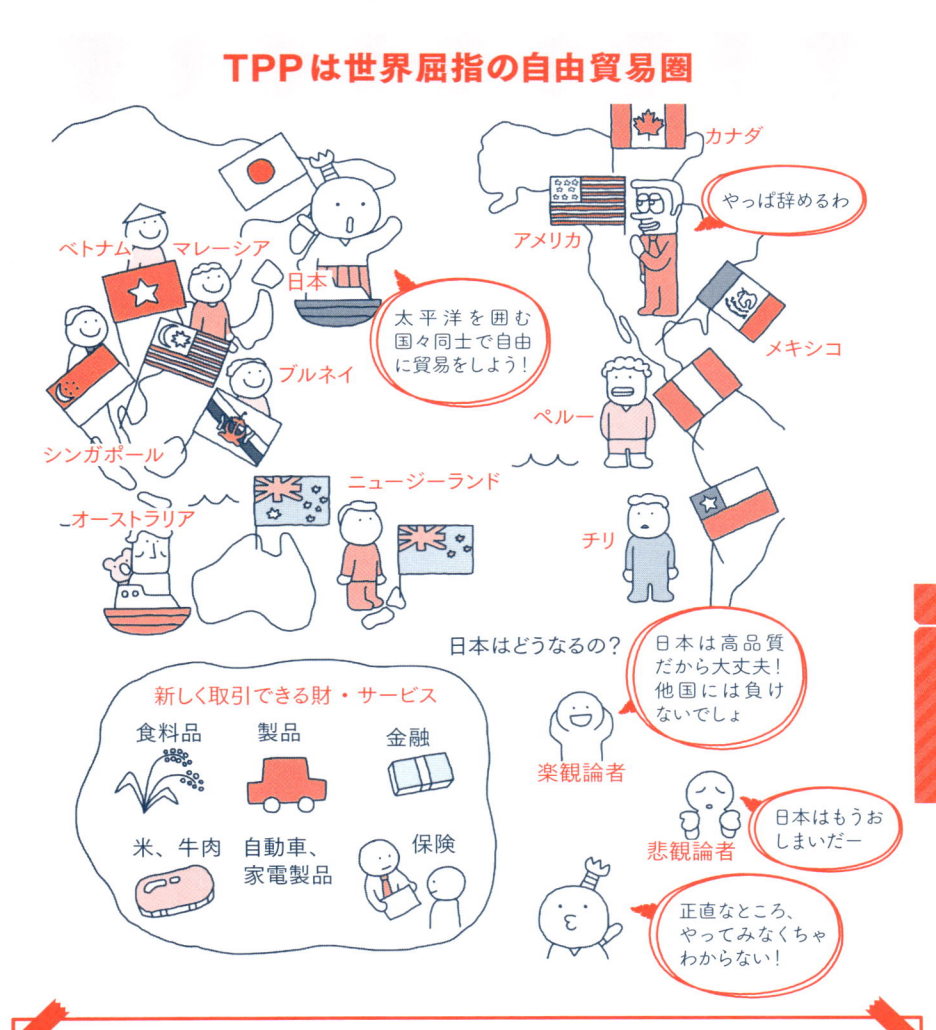

6 グローバルな経済

one point　2017年1月、トランプ大統領がTPPから離脱するための大統領令に署名した。協定の発効にはアメリカの承認が欠かせず、以降TPP協定は発効のめどが立っていない。

経済学⑥
09

WTOって何をしているところ？

世界貿易の管理人「WTO」は自由貿易推進を目的とした国際機関です。
外交関係悪化による戦争勃発を反省して設立されました。

第二次大戦後、主要経済国が輸出市場を囲い込んだために外交関係の悪化を招き、**戦争を誘発したとの反省からGATT（関税貿易一般協定）が発足**しました。GATTの目的は、関税引き下げにより自由貿易の道を目指すことでした。それを引き継ぐ形で1995年に発足したのが**WTO**（世界貿易機関）で、2017年現在、164もの国と地域が加盟しています。

「WTO」は自由貿易を目指す国際的機構

GATTには協定違反国があっても制裁を科す権限がありませんでした。WTOはそうした反省を踏まえ、裁判所的制裁機能を付与され、自由貿易に向けての国際ルールを確立しようと運営を続けています。WTOでは加盟国が一堂に会して貿易のルールを交渉します。2001年からは農業問題、投資、サービス面でのルールなど、多様化した分野を扱いながらも**加盟国間の溝が深まり、運営は円滑に進んでいません。**

現状のWTOにも課題はある

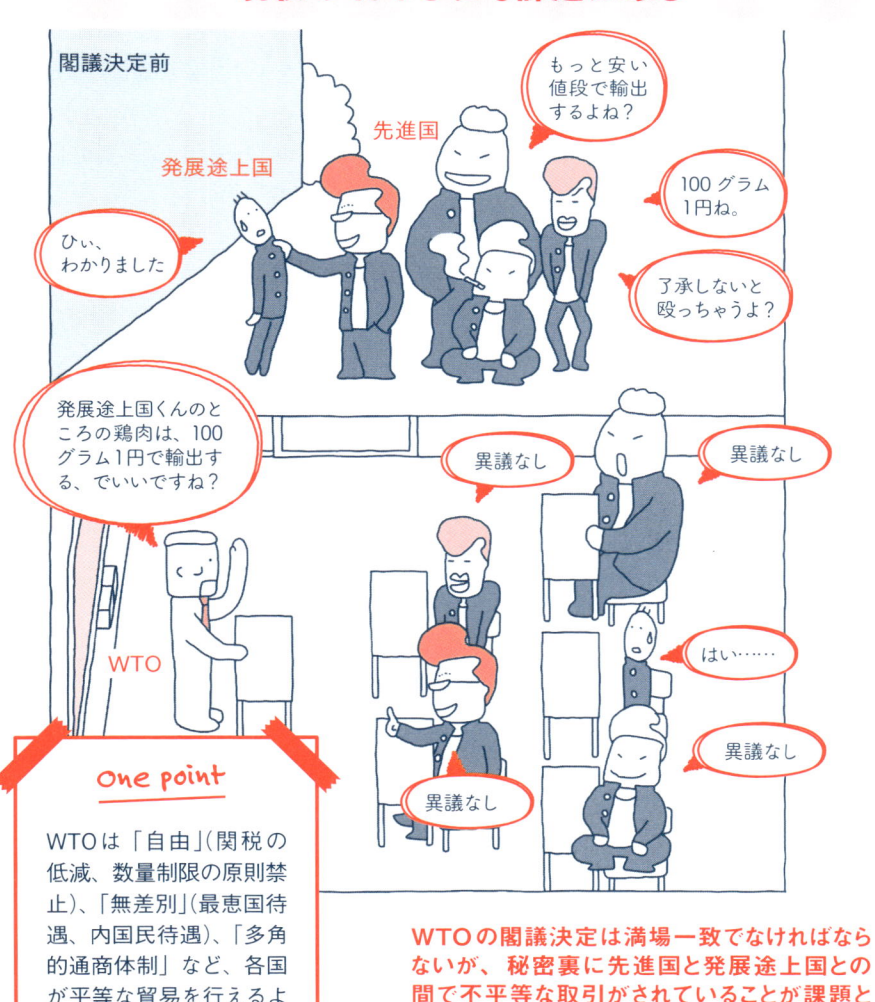

one point

WTOは「自由」(関税の低減、数量制限の原則禁止)、「無差別」(最恵国待遇、内国民待遇)、「多角的通商体制」など、各国が平等な貿易を行えるよう活動している。

WTOの閣議決定は満場一致でなければならないが、秘密裏に先進国と発展途上国との間で不平等な取引がされていることが課題となっている

貿易と地理との関係性とは？

経済学と地理学の関係性を紐解くと、そこには一定の定義が見受けられます。一国の貿易もまた論理的に解析すると一定の法則が窺えます

経済学において、古くから経済学と地理学を合わせた**経済地理学**が盛んに研究されています。たとえばある国の産業が特化していて、それが主要な貿易品目になっているのは、立地条件に恵まれていたからであるという考え方です。世界中の国々が持っている土地は、それぞれが違う性格を持っています。それだけに、**財の流通や分布の仕方など、地理的側面も考慮しなければならない**のです。

貿易が行われるのは比較優位だけが理由ではない

伝統的な貿易論では、比較優位だけが貿易の原因と考えられていた。しかし、1980年代以降、消費者の多様な嗜好も貿易に関与していると論じられるようになった

別の観点での考え方もあります。たとえば鉄鋼産業では、生産をより大規模に行ったほうが効率性が上がります。なぜなら鉄鋼のような重工業の場合、工場や機械類に大規模な投資が必要になるからです。つまり**一番最初に着手した国はコスト面で優位に立てる**ということ。他国はなかなか追従が難しいため、その国は鉄鋼輸出で支配的な地位を手中に収められるのです。

先駆的存在でコスト面の優位性を持てば勝者に

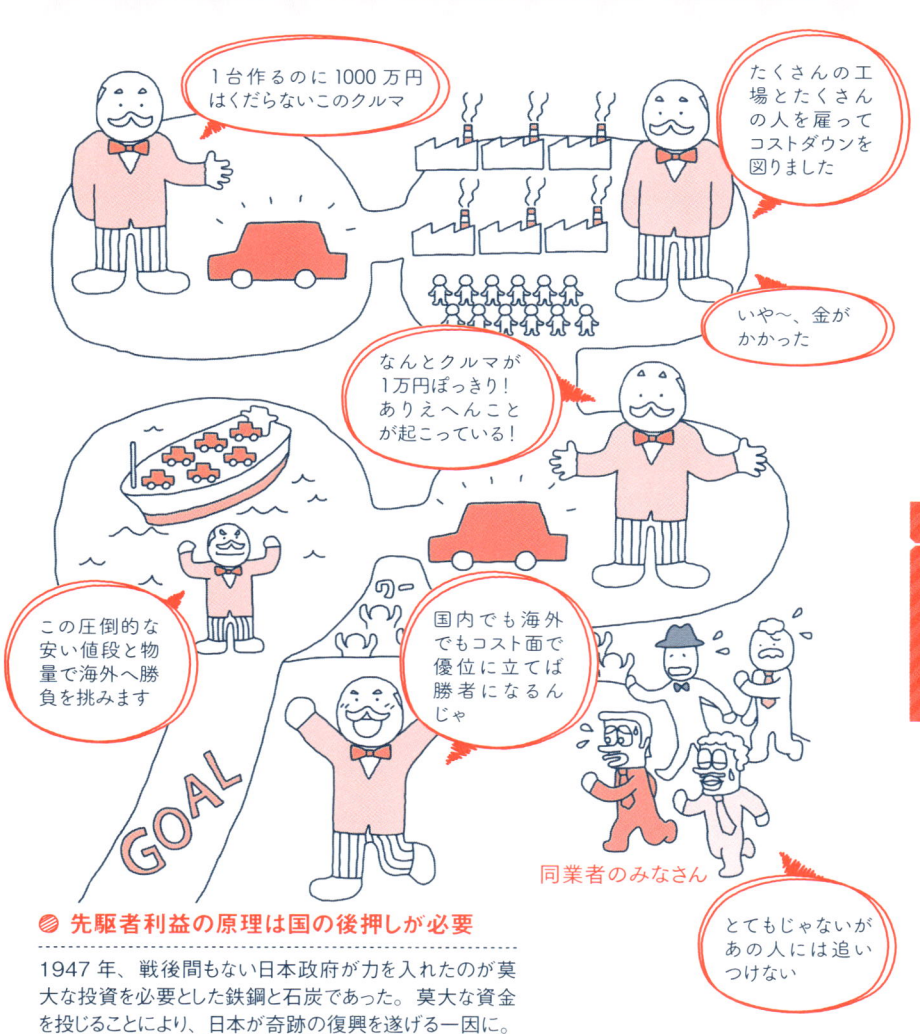

◎ 先駆者利益の原理は国の後押しが必要

1947年、戦後間もない日本政府が力を入れたのが莫大な投資を必要とした鉄鋼と石炭であった。莫大な資金を投じることにより、日本が奇跡の復興を遂げる一因に。

経済学⑥
11 フェアトレードって何？

貧しい国の生産者らを助ける取り組みとしてあっという間に広まったフェアトレードは継続的な国際協力。ですが、一部で解決できない問題も。

フェアトレード（Fair Trade ＝公正貿易）とは、発展途上国で作られた作物や製品を適正な価格で継続的に取引することにより、**生産者の持続的な生活向上を支える仕組み**です。従来型の国際協力や資金援助は、援助する側の都合に左右され、継続性に欠ける問題点がありました。それに対してフェアトレードは、消費者が自分の気に入った商品を購入することでできる、身近な国際協力のスタイルなのです。

継続的な好循環を浸透させる「フェアトレード」

フェアトレード実施前

Oh、そのカカオ1個10円で買い取るよ

弟が木から落ちた

10円でも買ってくれるだけましか

女も子どももつべこべいわず働け！

フェアトレード実施後

改心！

やったー

やっぱり不当な取引は良くないね。これからは1個100円で買い取るよ

この価格なら設備投資もできるし、子どもも学校へ行かせられる

学校

農家がフェアトレードの仕組みに参加すると最低価格が保証されます。その代わり、労働条件や環境に関する基準を遵守するよう求められます。そういう一定の規則に基づいて、貧しい国の生産農家の所得が、市場価格の上下にともなって変動するのを抑制する取り組みです。また、フェアトレードには未解決の問題もあります。農家よりも貧しいのは、**資産も畑も持たない日雇い労働者**であるという現状です。

column no.06

労働移動というのも
グローバリゼーション

　日本における労働移動の顕著な例として、農業市場が挙げられます。1960 年〜 1975 年の高度経済成長の時に、農業専業従事者は 1310 万人から 656 万人にまで減少しました。農業をしていた人々が高い賃金を求めて、成長が著しかった第 2 次・第 3 次産業へと転職したのです。

　また、このような現象は国境をまたいでも起こります。つまり、賃金の安い国にいる人々が、より高い賃金を求めて他国へ移動するという場合です。この時、言葉の壁や文化の違い、政治や宗教の違いなど、さまざまな問題を抱えるという弊害がありますが、財や金融の国際市場の拡大と同じように、労働移動も扱い方によってはプラスに作用すると考えられています。

　たとえば、少子高齢化が進んでいる国などは、外国人労働者を受け入れることで労働力を確保でき、経済成長の下支えになり得ます。実際、グローバリゼーションの一部として、ASEAN では労働移動の政策が活発に論じられています。

政治と経済の
関係とは？

政治と経済は一見関係がないように思えます
が、じつはとても深く関わっているのです。本
章にて関係性を紐解きます。

経済学❼
01

政治が経済を左右させている理由

目に見えない景気の波。じつは政治に誘導されている現実があります。
政権与党と有権者の関係に見る景気循環サイクルの裏舞台とは?

政治と経済は密接な関係にあります。「**政治的景気循環論**」をご存知でしょうか?
1つの選挙が終わり、次の選挙が始まるまでの期間が、一定の景気循環サイクル
を築くというものです。端的にいうなら、選挙前に景気を上昇させることで、政権
与党は支持を集めます。選挙に勝利後は態度を一転、金融政策を引き締め、景
気を下降させます。そしてまた**選挙が近づくと景気刺激策で好況に転じる**のです。

選挙前は景気が浮上する

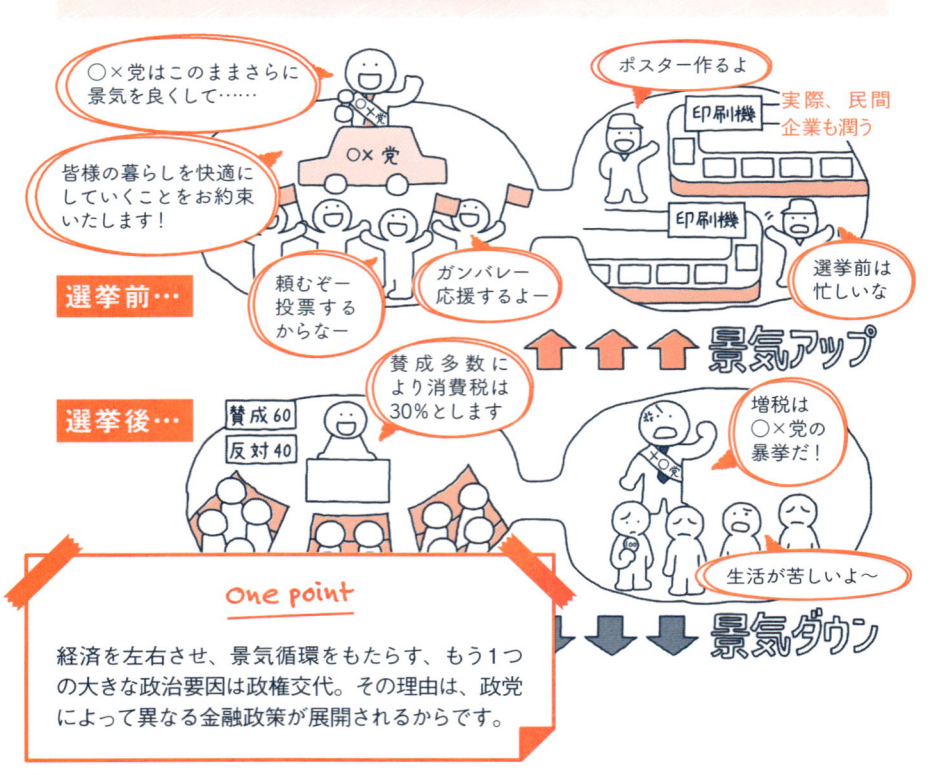

one point

経済を左右させ、景気循環をもたらす、もう1つ
の大きな政治要因は政権交代。その理由は、政党
によって異なる金融政策が展開されるからです。

ただ、景気刺激策で好況になるためには、民間の経済主体が政府の行動を信頼する必要があります。政府がいくら公共事業を拡大したとしたところで、民間の投資や消費が落ち込んでしまえば、景気対策の効果は相殺されてしまいます。また、民間需要を誘発するためには、**想定外のショックを与える**など、需要を誘発する工夫が重要になります。

金融政策は想定外のやり方が成功を生む

経済学❼
02

経済政策に遅れはつきもの？

経済の改善と安定化を図るため政府が政策に乗り出しても、現実問題としてすぐに状況は良くなりません。そこにはさまざまな事由があります。

いざ経済政策の実施に向けて政府が動き出しても、実際には時間的な遅延が発生してしまいます。**政策の遅れ**は次の3要因に分類されます。まず「認知の遅れ」です。これはある経済状態の発生を政策当局が認識するまでのタイムラグを指します。次は「実行の遅れ」。政策発動の必要性が認識されても、施行するまでには調整などかなりの時間を要するからです。最後に「効果の遅れ」があります。

経済政策が遅れるメカニズム

One point 金融政策の場合、実行がスムーズに果たされても効果に関しては時間がかかる。なぜなら、たとえ金利が変動しても、企業の投資意欲や家計の消費意欲は即座に動かないからである。

このような政策の遅れを正確に予想するのは困難を極めます。それゆえ状況に応じた裁量的政策を講じるより、ルールに基づいて政策を運用すべきだとの考えが生まれました。これが「**裁量とルール**」の問題です。**ケインズ的な立場は、裁量による積極的な政策介入が望ましい**と考えました。これに対し**新古典派はルールの安定性を重視**しました。できるだけタイムラグを発生させないようにと考えたからです。

いまだに答えのない 「裁量とルール」

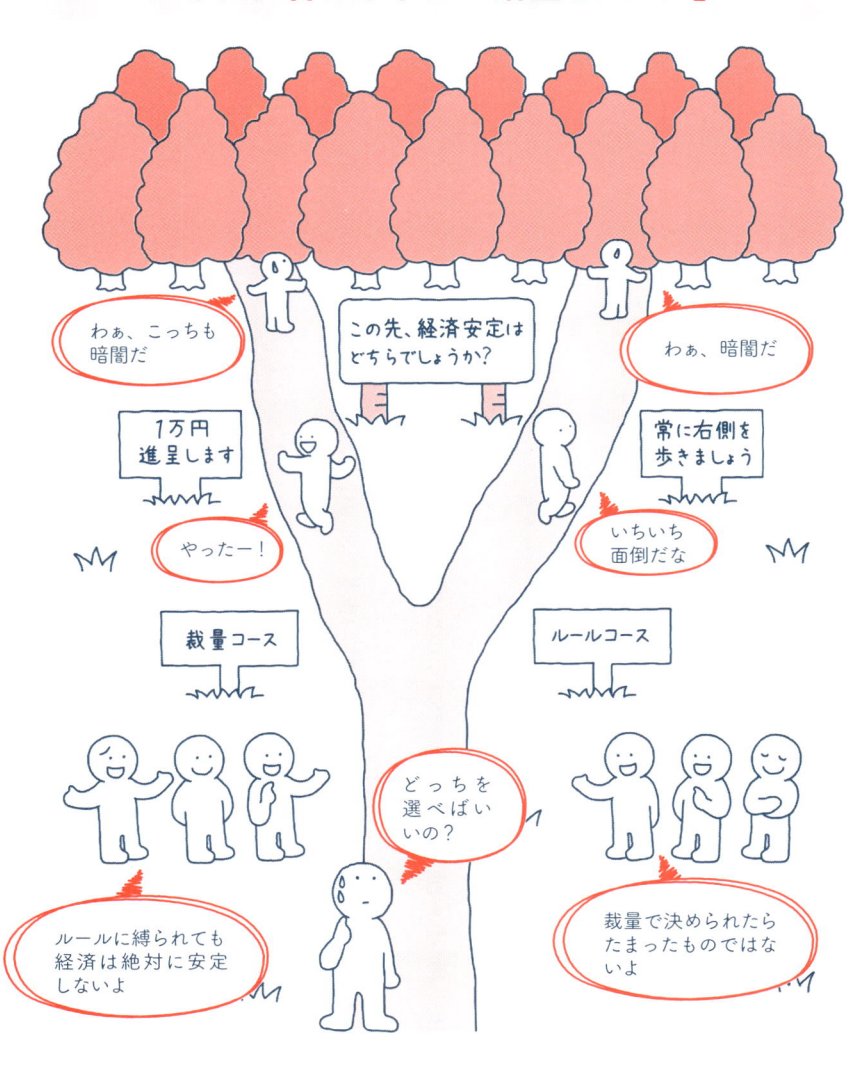

経済学❼

03

格差社会になった理由とは？

一億総中流社会を実現した日本。バブル経済が破綻して以降、働いても生活が楽にならない理由には、悪循環を生んだ法律にも原因があります。

所得などの格差が個人の努力では埋めがたいほど乖離し、階層化してしまう社会を格差社会といいます。バブル崩壊後に続くデフレの深刻化とともに、日本の景気の様相は著しく変化。その結果、**働けど働けど貧しいままの現状を脱せられない、ワーキングプア層が出現しました**。国税局の「民間給与実態統計調査」によると、ピーク時の 1997 年と比較した場合、2009 年の平均年収は約 61 万円も落ち込みました。

日本の格差社会の仕組み

格差社会の原因の一端に、「**労働者派遣法**」があるといわれています。企業としては正社員よりも安く雇えるメリットがある反面、派遣先企業の都合で労働者を解雇できる不安定な雇用形態を生み出し、さらには競争激化によって違法派遣行為が続出しました。労働者の保護と、取り締まり強化の声が上がっています。

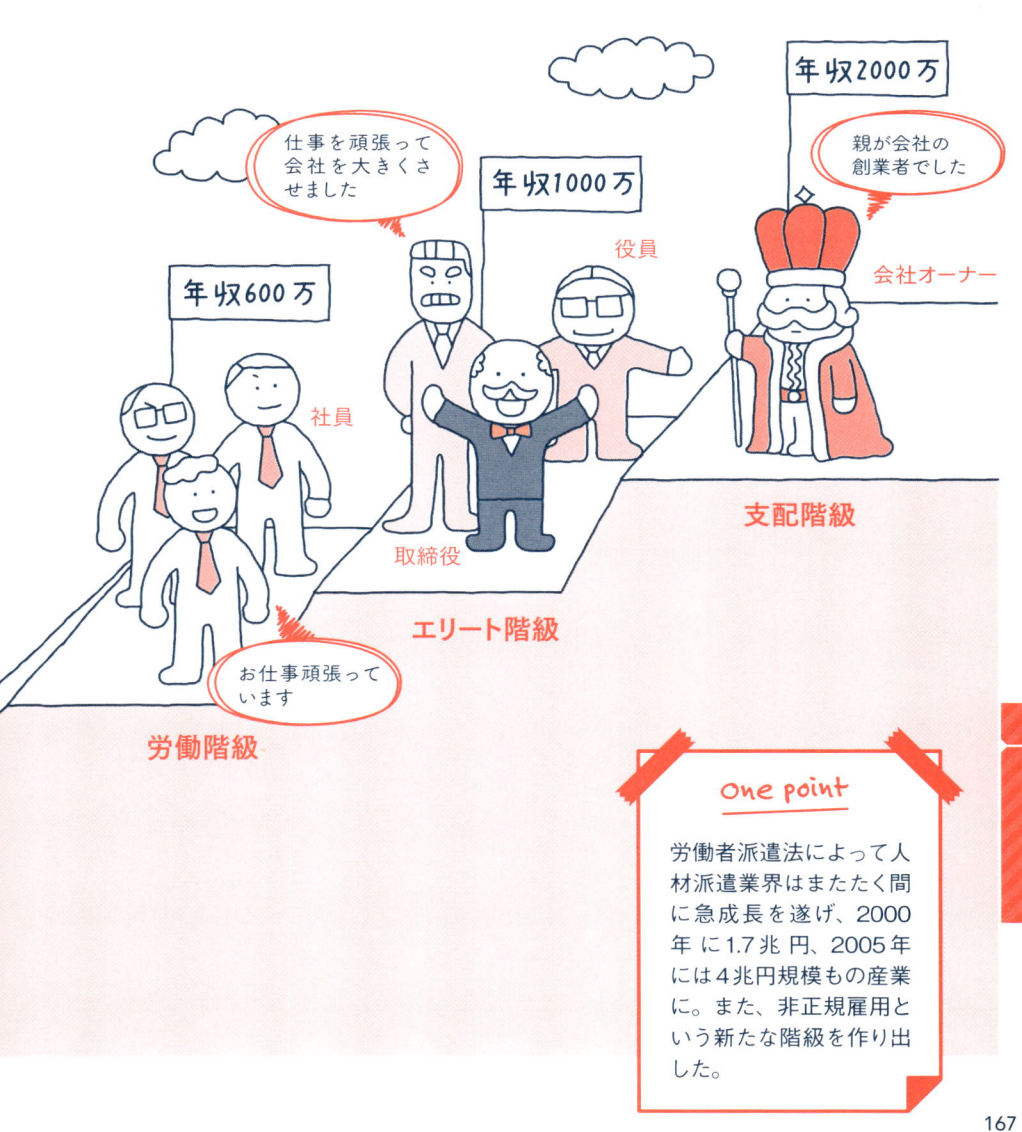

one point

労働者派遣法によって人材派遣業界はまたたく間に急成長を遂げ、2000年に1.7兆円、2005年には4兆円規模もの産業に。また、非正規雇用という新たな階級を作り出した。

経済学❼

04 なぜ消費税は導入された？

景気後退に伴って切迫する国家予算を補うには、従来からの税収の在り方を変える必要がありました。消費税はその一端です。

税金は2種類に大別されます。まず直接税は、個人や企業から所得税や法人税といった形で納められる税金。もう1つは間接税。これは酒税やたばこ税、**消費税**といった物やサービスを消費した際、間接的に支払う税金です。国の税収の中身を見る時、直接税と間接税の比率を表す「直間比率」という言葉がよく用いられます。**2015年の日本の国税はおよそ6対4という直間比率**で構成されています。

直接税と間接税で成り立つ税収

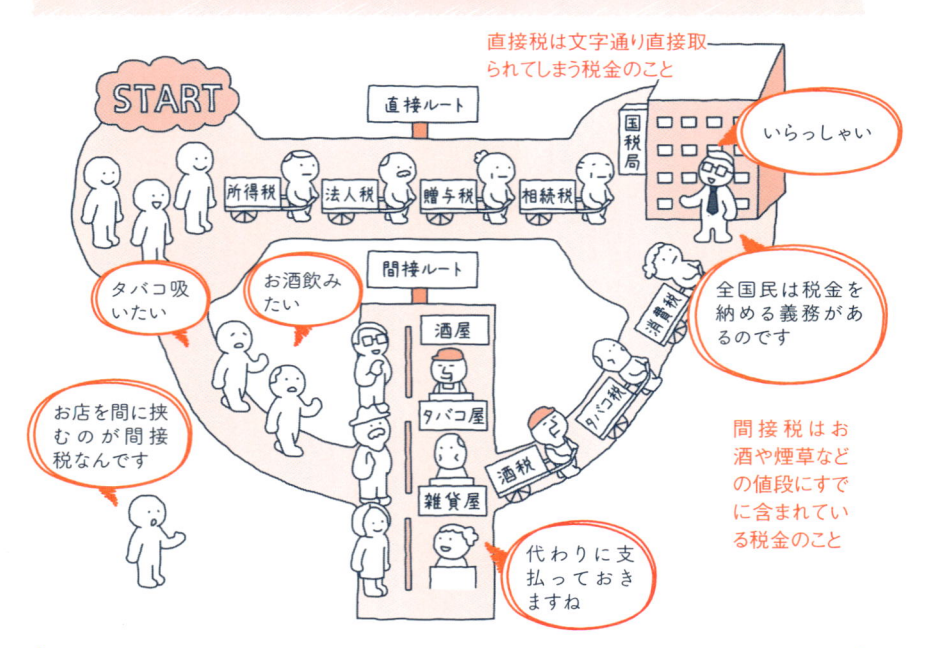

直接税は文字通り直接取られてしまう税金のこと

いらっしゃい

全国民は税金を納める義務があるのです

間接税はお酒や煙草などの値段にすでに含まれている税金のこと

タバコ吸いたい

お酒飲みたい

お店を間に挟むのが間接税なんです

代わりに支払っておきますね

START

直接ルート

所得税　法人税　贈与税　相続税

国税局

間接ルート

酒屋

タバコ屋

雑貨屋

酒税

one point 現在の直間比率はおおむね国税で6対4、国税と地方税合計では7対3となり、国税のみでは間接税の比率が上がっている。

昨今の経済成長は鈍化し、さらに少子高齢化など労働人口の減少も懸念されています。当然、働く人が減れば、税収も激減します。しかも今後は医療費や福祉費が急増するため、ますます国家予算が心配されています。そこで導入されたのが消費税でした。欧州の先進国にならい、消費分に比例する形で間接税として負担することになったわけです。**消費税の税収は景気に左右されにくく、政府の安定財源**になります。

なぜ、所得税ではなく消費税が上がる？

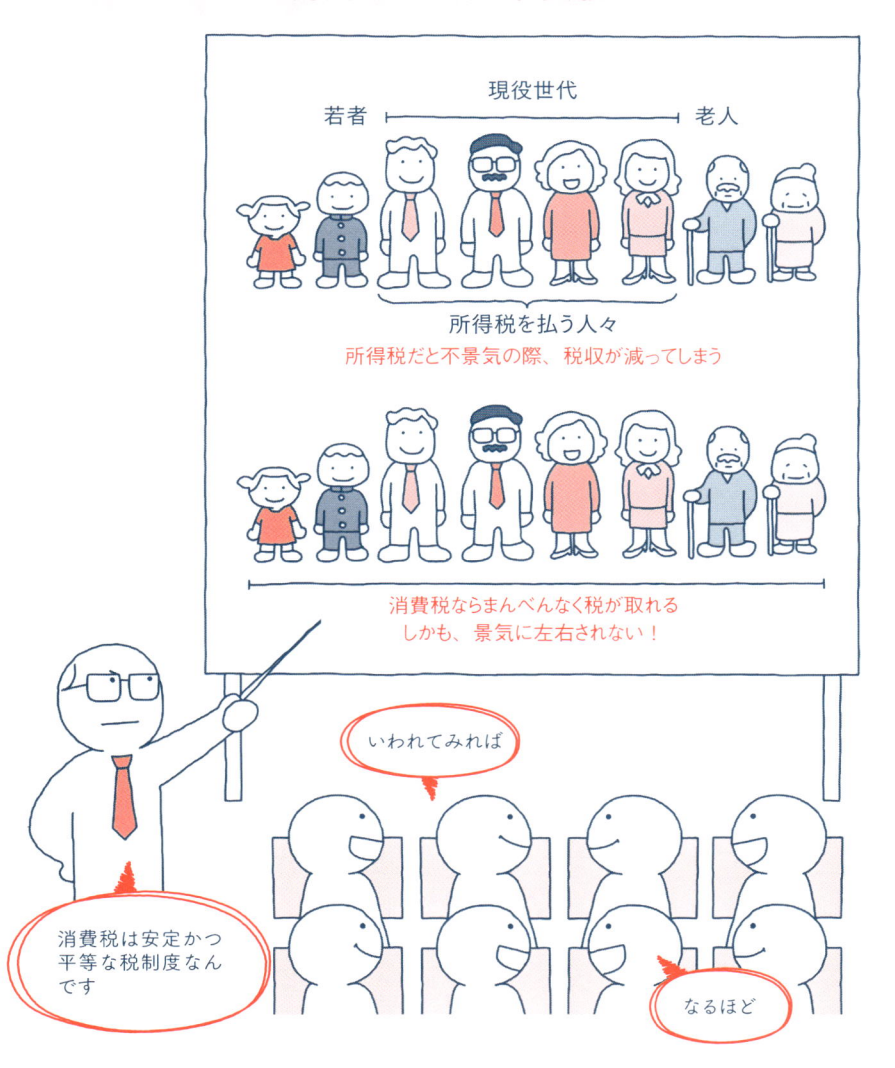

05 年金は将来もらえるの？

かつては受給が当たり前と思われていた年金。時代と経済の変容とともに、今では制度の破綻が懸念されています。その背景にある問題は？

日本は 1961 年に法律が施行されて国民皆年金体制が整いました。その後、自営業者が加入する国民年金が全国民の基礎年金となり、運用開始。民間企業の会社員が加入する厚生年金、公務員が加入する共済年金が上乗せされる形になりました。**仕組みとしては国民年金を 1 階部分、厚生年金と共済年金を 2 階部分と、個々の企業が独自運営する私的年金部分は 3 階、4 階部分に相当**します。

年金制度の仕組み

しかし**年金制度**はけっして先行きの明るい運営状態ではありません。そればかりか少子高齢化が進むにつれ、小手先の手直し案では**いずれ制度自体の破綻も避けられない**といわれています。実際、以前は60歳から年金は支給されていました。しかし今は65歳からであり、今後はもっと年齢が引き上げられる懸念もあります。

不公平さが蔓延する年金制度

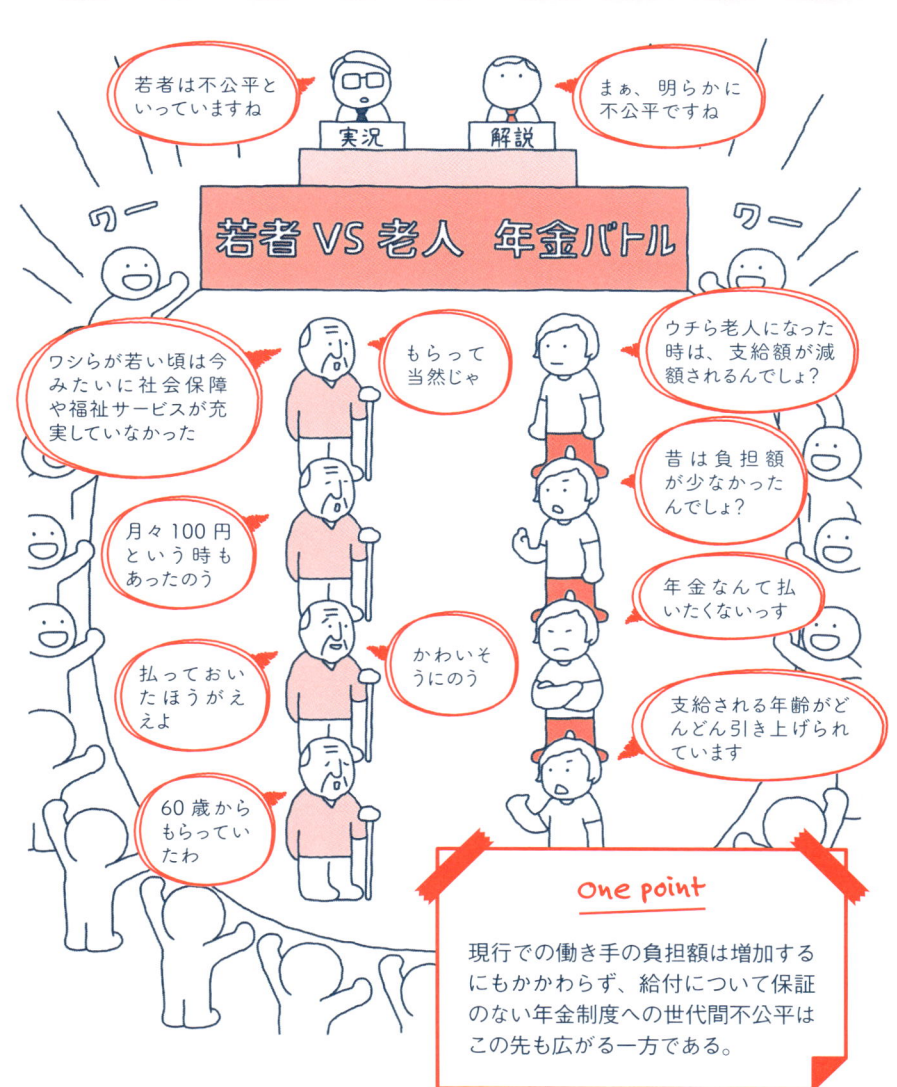

経済学❼
06

年金の支給開始の引き上げが孕む問題

60歳になれば給付されるはずの年金制度の揺らぎにより、定年が引き上げられました。そこからは苦しい事情と懸念が窺い知れます。

2013年4月からの厚生年金の支給開始年齢の引き上げが発端となりました。多くの企業の定年が60歳となっているため、現行の**高年齢者雇用安定法**のままでは、継続雇用を本人が希望しても受け入れられず、無年金・無収入となる人が多数生じるリスクが懸念され、年金支給と雇用の溝を解決しなければなりませんでした。そうして急ピッチで成立したのが「改正高年齢者雇用安定法」です。

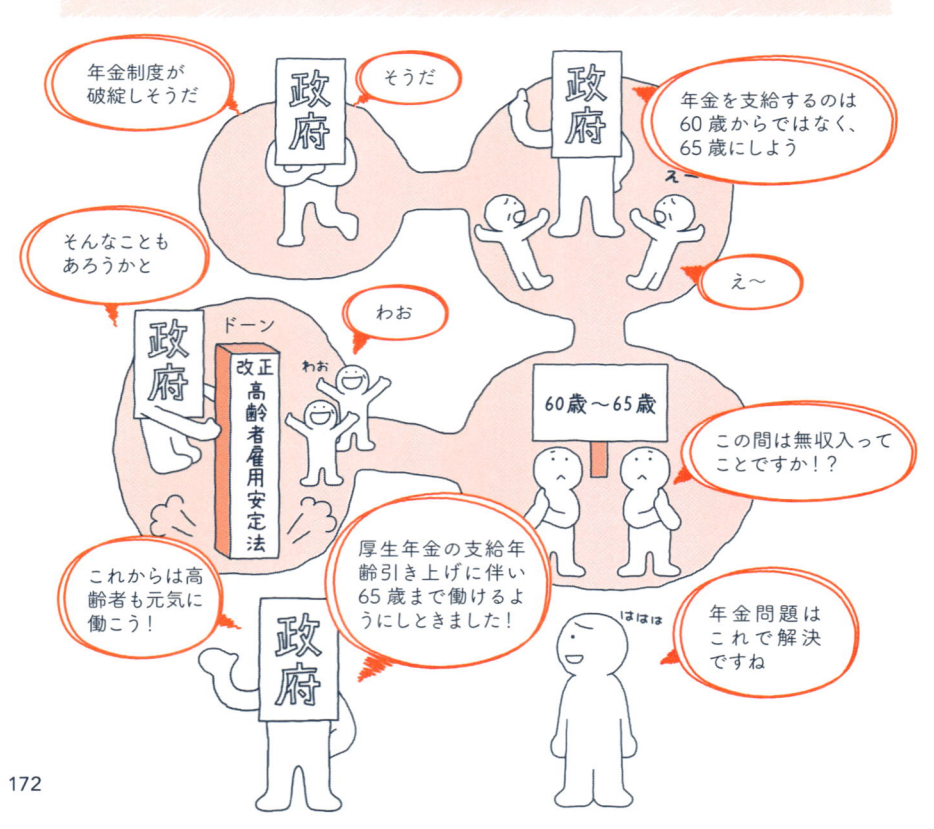

60代も働く社会に

この改案の主な狙いは、65歳以降も雇えるようにすることにあります。つまり、定年を迎えた高齢者の継続雇用先を拡大確保することでした。そうすることで不安定な年金制度の問題を、高齢者の雇用に置き換える意図があったわけです。義務違反する企業には公表規定を導入するなど、罰則も設定されていますが、その一方で**非正規社員の働き口が狭まるなど、批判の声**も上がっています。

高年齢者雇用安定法が抱える問題

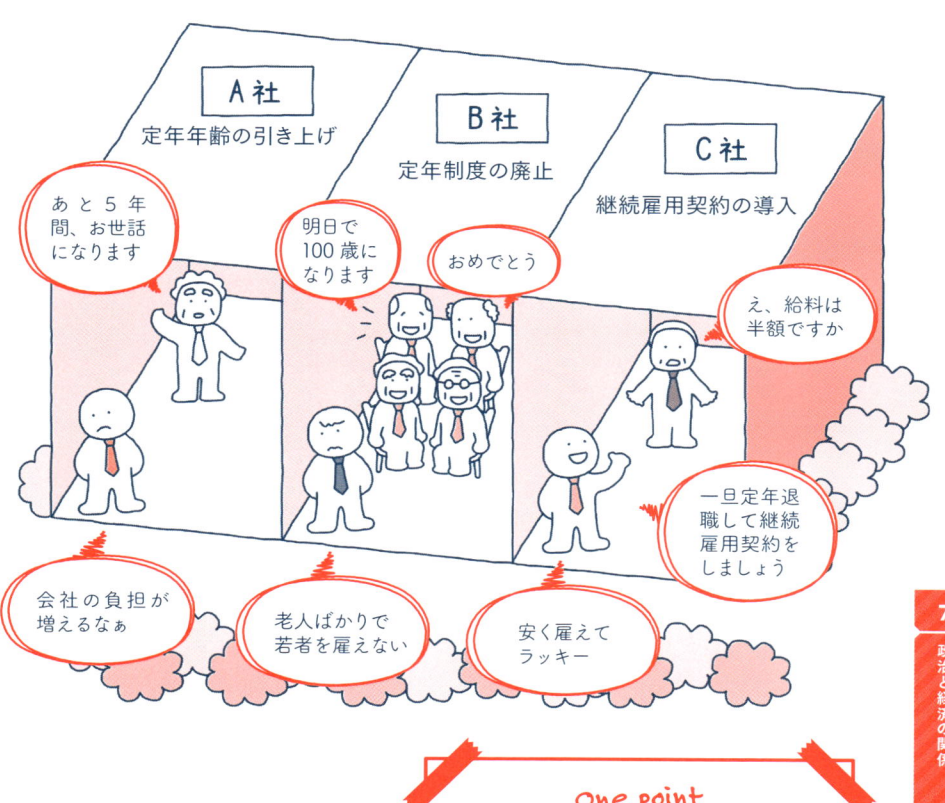

one point

高年齢者雇用安定法では、企業において「定年年齢の引き上げ」「定年制度の廃止」「継続雇用制度の導入」のいずれかの措置が義務付けられている。

政府の信頼性が好景気のカギ

家計も企業も、民間が政府に寄せる信頼こそが、経済の好循環を促す礎となります。つまり政治への不信感は、不景気をもたらす元凶です。

経済政策が機能するための必須条件とは何か、おわかりになりますか？　それは民間の経済主体が**政府の行動を信頼**することにほかなりません。たとえば景気対策として拡張的な財政金融政策を推し進めたとします。それが短期的な政策で、しかも適切な時期に行われるとは限らないと、民間部門が不信感を持てばどうなるでしょう。間違いなく、家計の消費も企業の投資も、刺激されることはありません。

政府への信頼性は経済原理の基礎

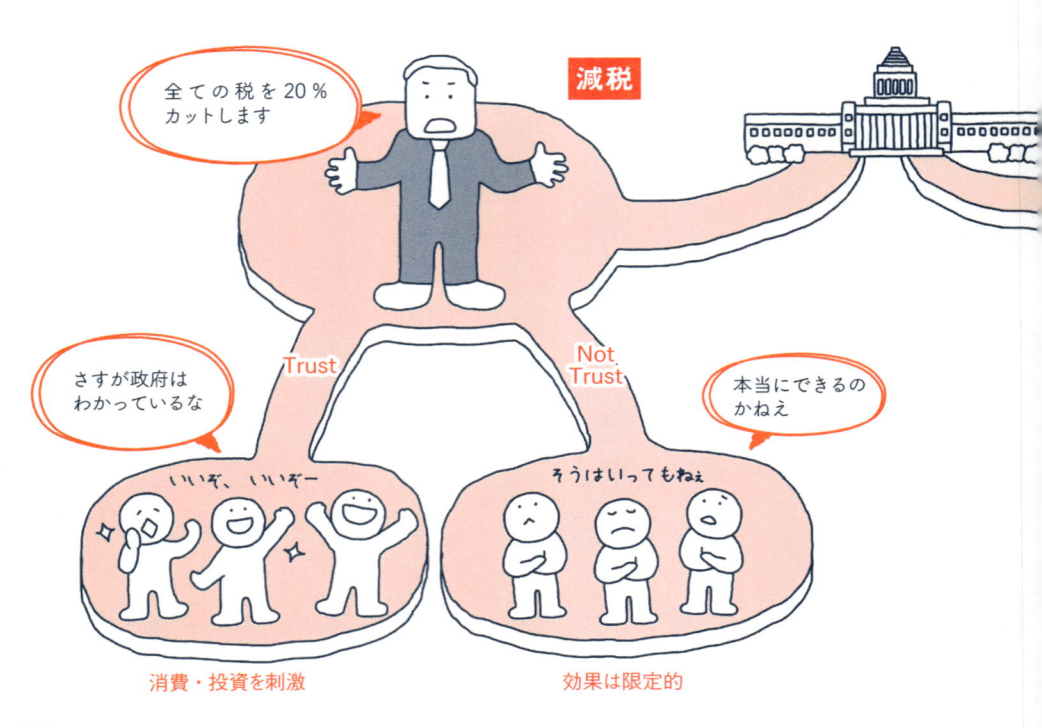

たとえ一時的な減税を政府が試みても、将来的に増税が実施されると**民間部門が予想すれば、減税の効果は限定的**なものになってしまいます。これからも減税が行われるという信頼感を民間部門に抱いてもらうことが重要です。そのため政府としては歳出を極力削減し、減税が恒久的であることを示す必要が出てきます。結局のところ、政治への信頼性が市場の好景気のカギを握っているわけです。

one point

政府がいくら財政政策を打ち出して消費や投資を刺激しようとしても、政府に対する信頼がなければ効果は限定的なものにとどまってしまう。

子ども手当を
復活させます

拡張的財政金融政策

信頼こそ
が大事

企業

政府

Trust

Not
Trust

政府がまたまたい
い政策を打ち出し
たぞ

単なる
ばら撒きだ！

いいね

バラまきだ！

消費・投資を刺激

効果は限定的

column no.07

「非公式経済」という

もう1つの市場経済

　世界には、じつは2つの経済が存在しています。1つは金額が確定している公式の経済。もう1つは金額が確定していない非公式経済です。路上において無許可で品物を売っている行商人や、無許可で靴磨きをしている人など、これらは非公式経済の一員です。

　また、非公式経済で生計を立てている人は課税を回避できる一方で、法が定めた労働基準や社会保障制度によって保護をされていない状況にあります。特に開発途上国の非公式経済は著しいものがあり、貧困を撲滅するためには、公式経済への移行が急務とされています。

　なぜなら、税金はインフラ整備や学校建設などに充てられるものですが、非公式経済が蔓延する開発途上国には、そこに充てる財源が乏しいのです。しかも、法制度の庇護の下で暮らせない非公式経済の人々は、賃金格差の是正も行われないのでつねに貧困リスクと隣り合わせで生活しているのが現状です。

最近話題の
行動経済学って何？

近年、経済学の分野において「行動経済学」が注目を集めています。早速、イラストを見ながら理論を学んでいきましょう。

01 行動経済学は心理学に近い

人間が合理的な存在という前提に基づき、社会や経済の動向を説明する
科学が経済学。そこにメスを入れたのが「行動経済学」なのです。

日常生活で物を購入する際、なぜそれを「買いたい」気持ちになるのでしょうか?
自分に必要だから、質やデザインが優れている、ネットで調べて一番安かった——
意思決定に至る理由は必ずあります。しかし人は合理性だけに忠実ではありません。
無意識のうちに気分や環境や雰囲気に影響され、非合理な判断や行動をしてい
ます。「**行動経済学**」とはこうした見解に基づいて経済を考察する学問分野です。

一見、合理的なようで、じつは非合理な判断をしている

元来の経済学とは、人間の行動は合理的であるとの前提で理論を構築してきました。ところが**人間には非合理的な側面もあり、非合理性を考慮しなければ理解できない**現象が存在します。非合理的側面を組み入れて行動経済学を考えることは、経済学をさらに発展させ、改善させるために不可欠な要素といえるでしょう。

人間は非合理的存在と認めるのが「行動経済学」

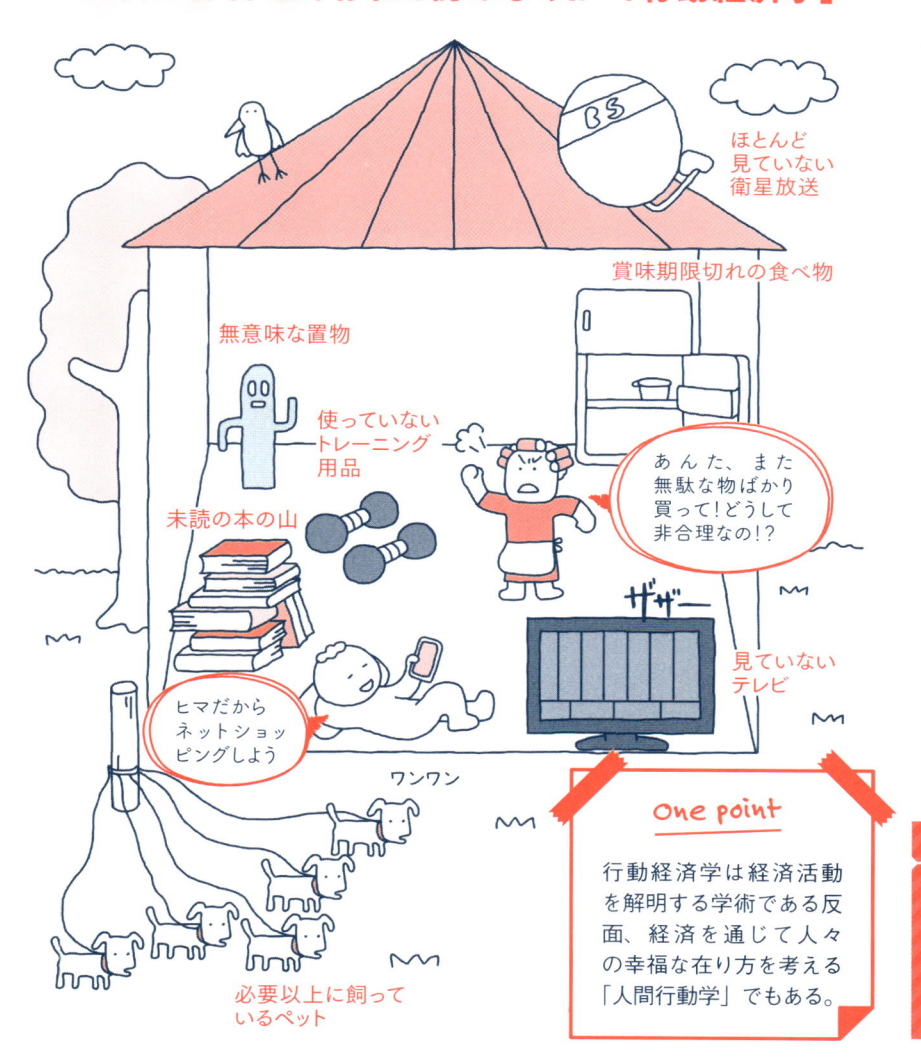

経済学⑧

02

2017年のノーベル経済学賞は何がすごいの？

行動経済学は非合理でありながらも個人の選択を重んじます。そのうえで、より良い社会や経済を構築する「ナッジ理論」に注目です。

個々の人間に非合理的側面があるとして、個人の意思決定や行動に他者が介入するのは望ましいでしょうか。行動経済学者はこの件に関してジレンマに陥っています。なぜなら経済学者の多くは、**個人の選択の自由の保障が大切**であると説いているからです。これは、民主主義社会において世の中を健全に成立させ、成熟させるためには、国民1人1人の価値基準や選択水準を尊重すべきという観念に基づきます。

個人の選択の自由を守るのが行動経済学の理念

経済学者の多くは、個人の意思決定に関して、非合理なことも含めて選択する自由を与える必要性を説いている

2017年のノーベル経済学賞を受賞した行動経済学者のリチャード・セイラー氏は、「**ナッジ理論**」という折衷的な理論を展開して注目されています。"あくまで個人には選択の自由を保障しながらも、さまざまな選択肢を提示する際、その人にとって**最もふさわしい選択肢が選ばれやすいよう提示方法を工夫**する"というもの。選択時に人の背中を押す技術の総称であり、広義での人心操作ともいえる理論です。

「ナッジ理論」は個々を尊重しながらも人心を操作

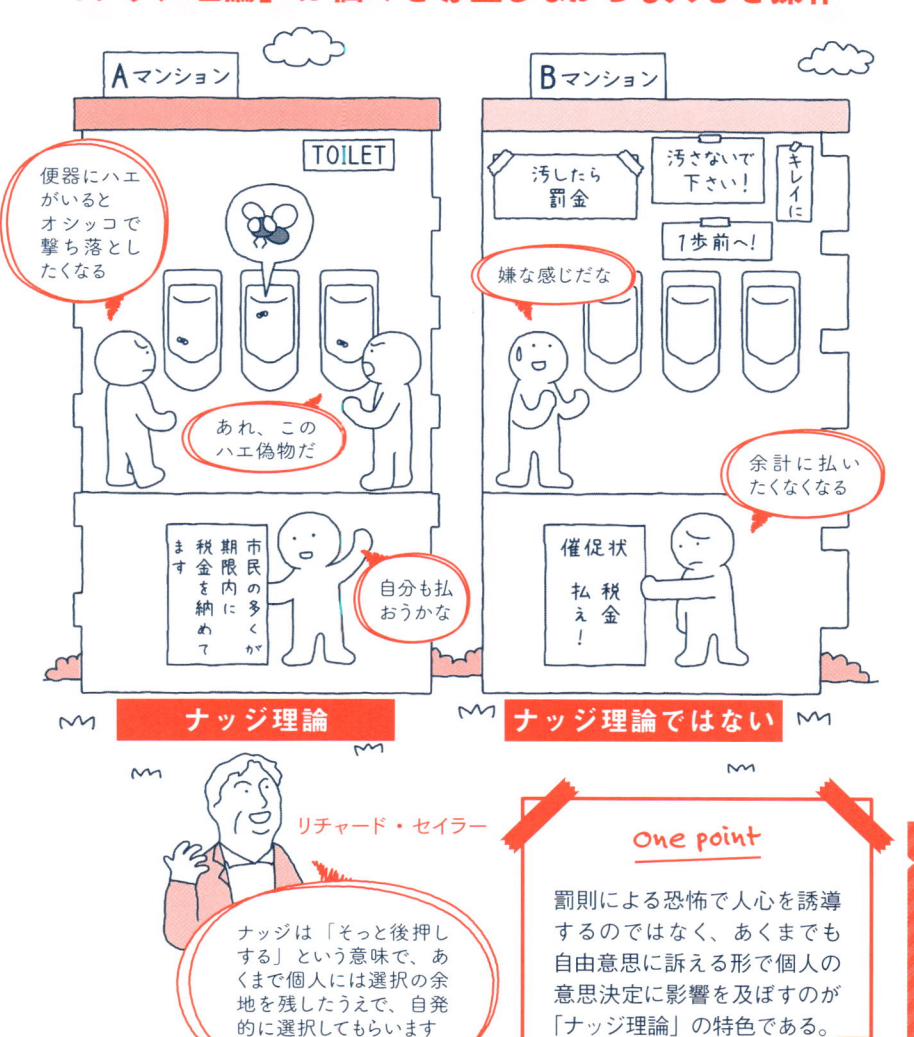

経済学⑧

03 人はだんだん良くなる ほうを好む

時間の経過で満足が拡大する傾向を好む「上昇選好」は、誰の心理にも存在する欲求傾向。イチローはその特性を自らの強みにしています。

「**上昇選好**」という言葉が行動経済学にあります。ある特定の出来事が連続して起きる場合、**人は時間の経過によって満足が拡大する傾向を好む**という理論です。これもまた多分に心理的要素を含む経済学といえるでしょう。なぜなら人は、自分の先々に待つのが不幸であるよりも、幸福であるほうが安心であるとなかば本能的に捉えるからです。そうして上昇選好を実践するには目標設定が重要になります。

先に待つ幸福が大きくなるのを好むのが「上昇選好」

日本人メジャーリーガーのイチロー選手を例にします。打者の評価は、打率、打点数、本塁打数で決まりますが、彼は安打数を目標設定にしています。それはなぜかというと、打率は成績によって乱高下しますが、**安打数は加算方式なので打てば打つほど成績が加算**されていくからです。つまり、安打数という上昇選好を実践して、着実に成績を積み上げているのがイチロー選手の強みなのです。

イチローは「上昇選好」を応用した成功哲学を実践

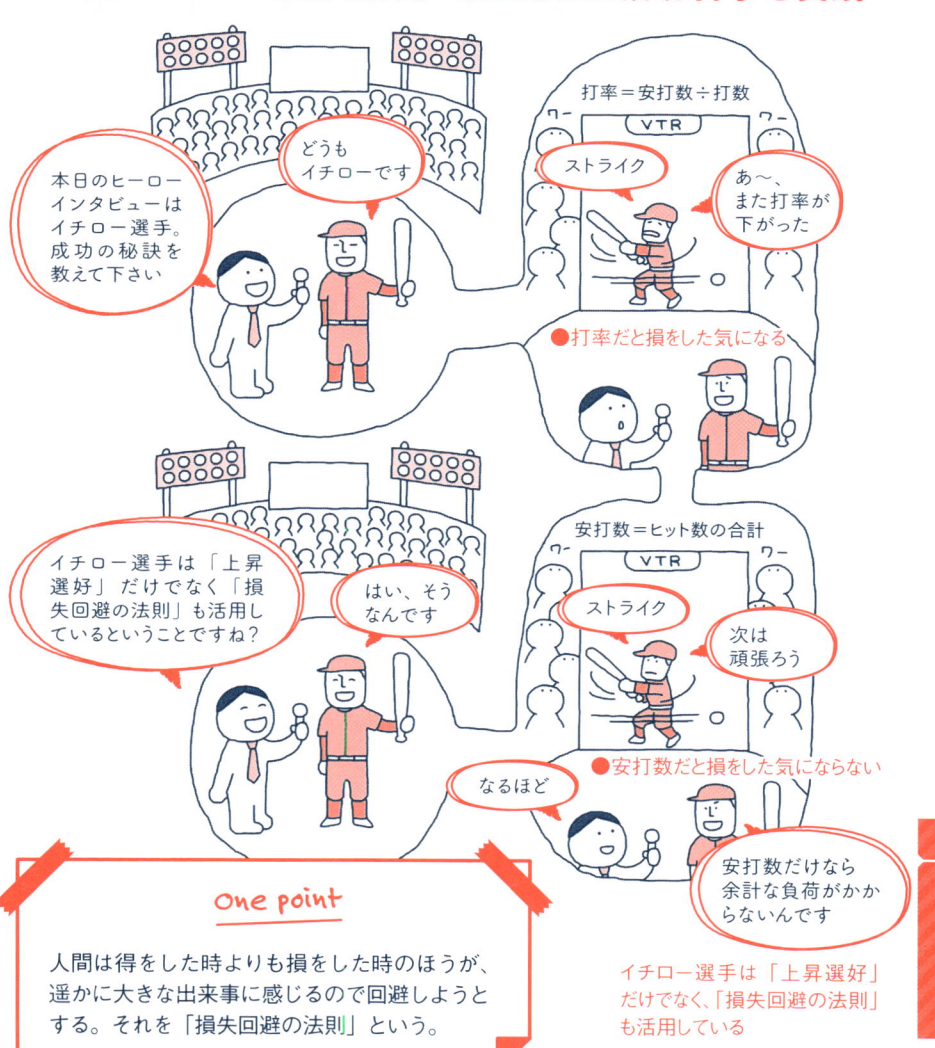

経済学⑧
04

提示の仕方で
印象がガラリと変わる

同じ意味のはずなのに、表現次第で異なる心証に導かれる現象をご存知
でしょうか。人の思考と心理は論理的に働かない場合があるのです。

論理的には同一の内容であっても、表現方法によって受け取る側の心証がまった
く異なる現象を「**フレーミング効果**」と呼びます。たとえばあなたが大病を患って
手術を受けるとします。執刀医から「手術が成功して助かる確率は85％です」と
宣告されれば、おそらく大多数の人は安堵する方向で考えるはずです。しかし、「手
術が失敗して亡くなる危険性は15％もあります」と宣告されればどうでしょうか?

表現によって心証が異なる「フレーミング効果」

フレーミングという呼称の由来は、**問題をどのような枠組み内に設定して表現する**かという意味からきています。前述の例で説明するなら、「助かる」という枠組みで表現する場合と、「亡くなる」という枠組みで表現する場合とでは、受け手が抱く印象が異なってくるということです。その理由についてはいまだ研究中ですが、情報の意味する内容が同じでも、意思決定には人間心理が大きく作用するのです。

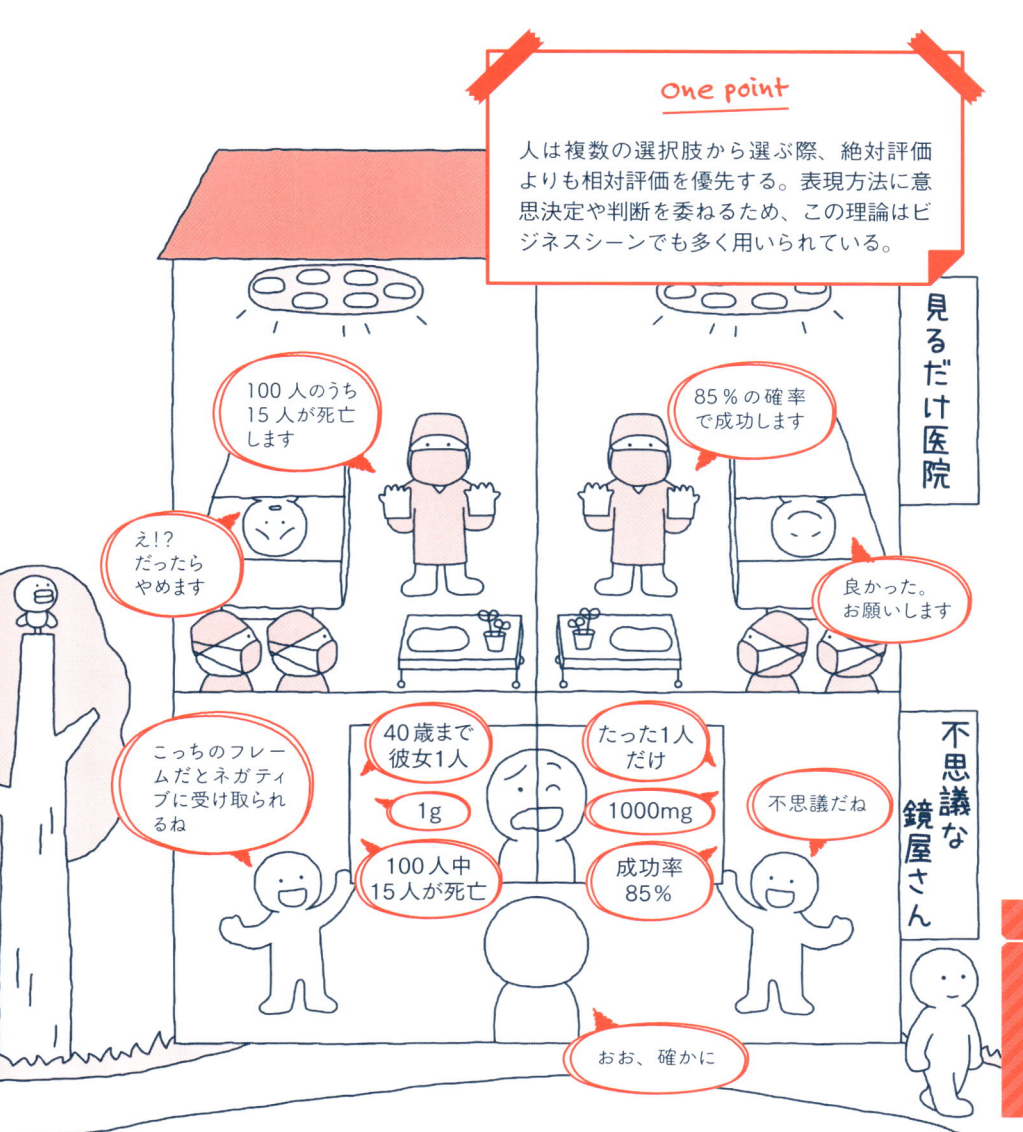

人は顕著な特徴だけで全てを判断してしまう

商品価値の本質評価を誤らせてしまう厄介な「ハロー効果」。しかしその効果は絶大で、あなたの日常の消費行動に多大な影響を与えます。

「ハロー効果」とは行動経済学における現象の1つ。また、「ハロー」とは絵画で聖人やキリストの背後などに描かれる光輪のことです。つまり、その人自身ではなく、後方から輝いて見える光の影響によって、全体評価を誤って評価してしまう人間の心証を表しているのです。この「**ハロー効果**」は、学者のエドワード・ソーンダイクが1920年に書いた論文で初めて発表しました。

目立ちやすい特徴に引っ張られるのが「ハロー効果」

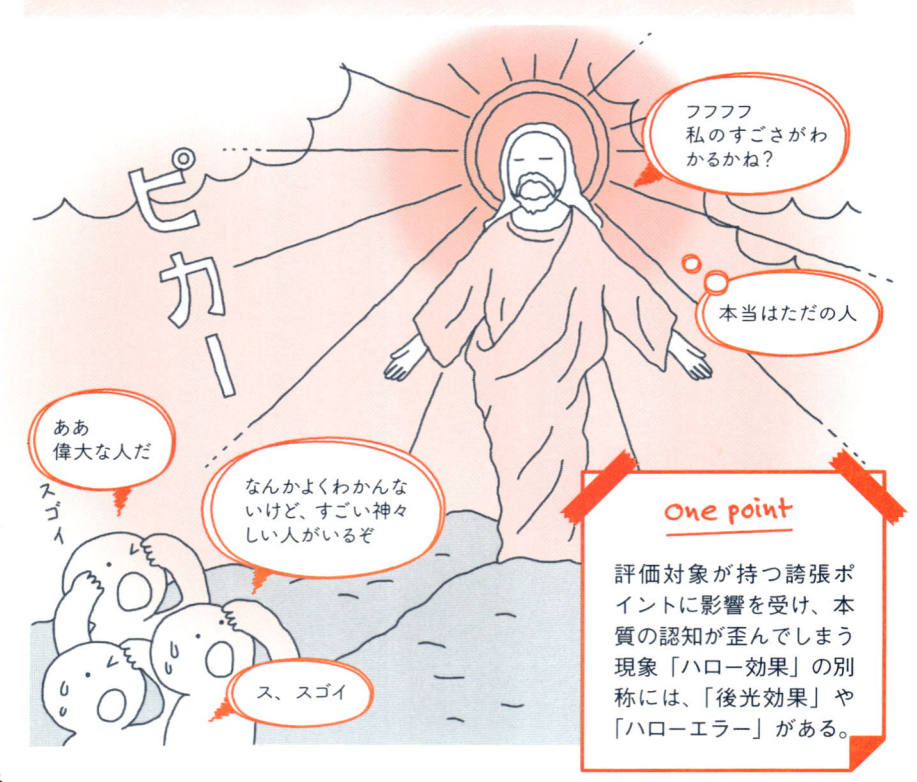

フフフフ 私のすごさがわかるかね？

本当はただの人

ピカー

ああ 偉大な人だ

スゴイ

なんかよくわかんないけど、すごい神々しい人がいるぞ

ス、スゴイ

one point

評価対象が持つ誇張ポイントに影響を受け、本質の認知が歪んでしまう現象「ハロー効果」の別称には、「後光効果」や「ハローエラー」がある。

ハロー効果はマーケティングや宣伝でも広く応用されています。たとえば身近なところでは、「村上さんが作った枝豆」とか「佐藤さんが作ったニンジン」など、野菜を育てた人の名前や写真入りの商品をスーパーなどで見かけたことはありませんか？　別に野菜の品質を保証しているわけでもないのに、**「真面目そう」**とか**「優しそう」**という先入観で、おいしい野菜だと勝手に評価してしまうのです。

商品の品質は保証していないのに信じてしまう

損をしても変化したくないという非合理性

人には、思い込みや変化を嫌う心理があり、非合理な価値判断や行動をしてしまうことがあります。

ハロー効果と同様、物の評価を自身の思い込みによって歪めてしまうものに「**保有効果**」というものがあります。これは自分の持っている物に対して、客観的な評価額よりも高く見積もってしまう心理的作用を指します。誰でも大切にしている物が1つくらいはあると思いますが、仮にそれを「新品に交換しますよ」といわれたとしても、自分が所有する物に高い価値を感じ、手放したくないと思ってしまうのです。

ショッピングで見る保有効果の応用

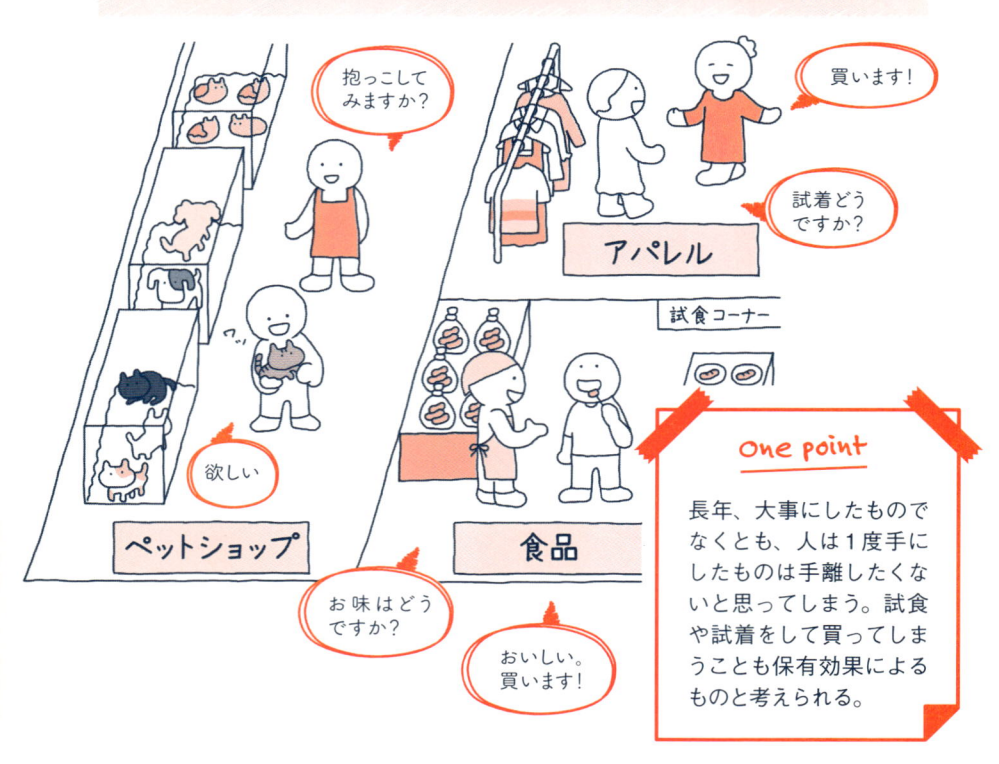

抱っこしてみますか？

買います！

試着どうですか？

試食コーナー

アパレル

欲しい

ペットショップ

食品

お味はどうですか？

おいしい。買います！

one point

長年、大事にしたものでなくとも、人は1度手にしたものは手離したくないと思ってしまう。試食や試着をして買ってしまうことも保有効果によるものと考えられる。

保有効果に近いものとして「**現状維持バイアス**」があります。これは「**大きな変化や未知なるものを回避し、現状を維持したくなる**」という心理作用です。たとえば、現在の仕事に不満があってもなかなか転職に踏み出せない、という状況がこれに当たります。今の給与や人間関係を失うリスクを考えてしまうことによって、転職によって得られる給与や人脈などの利益を回避してしまうのです。

現状維持バイアスによって生まれる非合理な選択

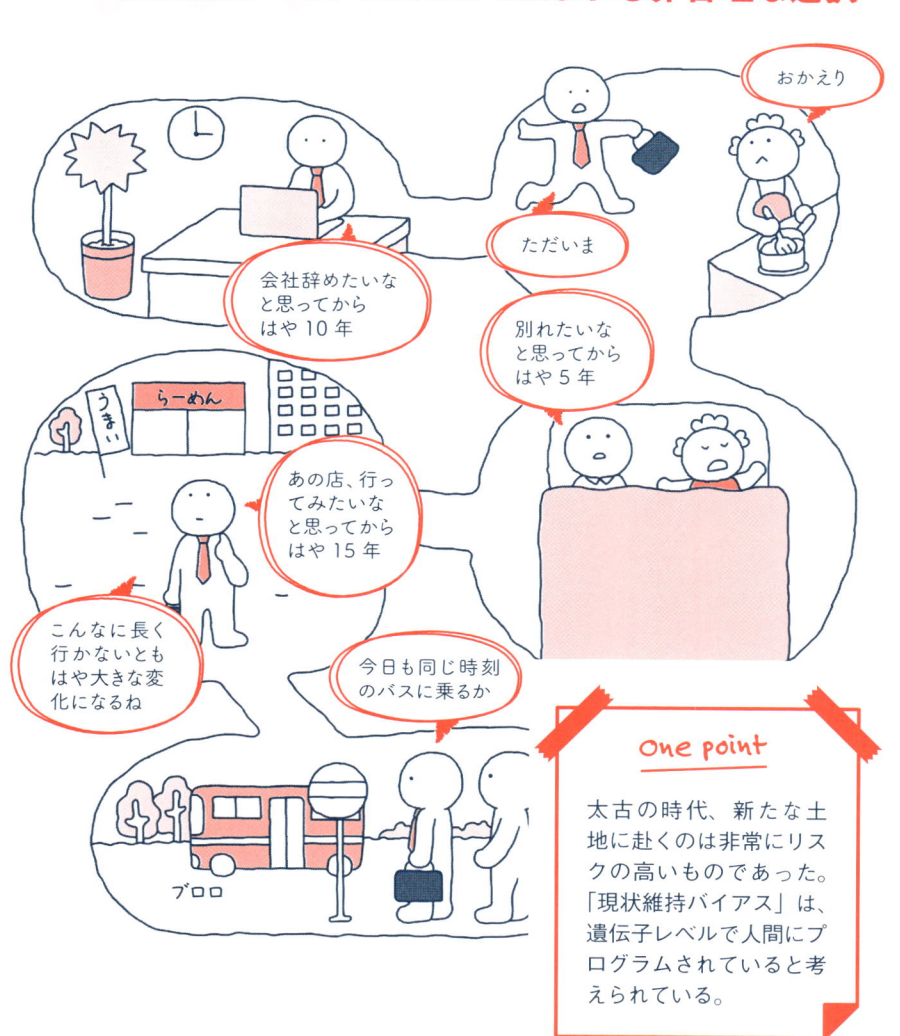

「おとり効果」で
操られる意思決定

こんな話があります。アメリカでキッチン用品を販売するメーカーが、世界に先駆けたホームベーカリーを新しく売り出しましたが、消費者からはまったく見向きもされませんでした。そこで、そのメーカーはまずは消費者の手に取ってもらうべく、打開策を編み出します。それは、そのホームベーカリーの上位モデルを新たに投入することでした。

ちなみに、その上位モデルは最初のモデルよりも50％も高い値段設定。ただでさえホームベーカリー自体が見向きもされていないのに、そこへ上位モデルを投入するとは正気の沙汰とは思えません。しかし、結果的に上位モデルを投入することで、下位モデルのホームベーカリーが売れに売れました。

じつはこのメーカーは、ホームベーカリーという単体商品を商品群にする、すなわち競争相手を自社で作ることで、「買うか買わないか」という対象から、「どちらを買うか」という対象にさせたのです。これを行動経済学では「おとり効果」と呼んでいます。

参考文献

大学で履修する入門経済学が1日でつかめる本 絶対わかりやすい経済学の教科書
木暮太一 著（マトマ出版）

落ちこぼれでもわかるミクロ経済学の本 初心者のための入門書の入門
木暮太一 著（マトマ出版）

落ちこぼれでもわかるマクロ経済学の本　木暮太一 著（マトマ出版）

今までで一番やさしい経済の教科書 [最新版]　木暮太一 著（ダイヤモンド社）

1分間で経済学 経済に強い自分になる200のキーワード
ニーアル・キシテイニー 著　望月 衛 訳（ダイヤモンド社）

大学4年間の経済学が10時間でざっと学べる　井堀利宏 著（KADOKAWA 中経出版）

面白いほどよくわかる 最新 経済のしくみ　神樹兵輔 著（日本文芸社）

イラストでわかる 経済用語事典　水野俊哉 著（宝島社）

盛り合わせを選んだらお店のカモ！ 大人の経済学常識　トキオ・ナレッジ 著（宝島社）

STAFF

編集	小芝俊亮、細谷健次朗（株式会社 G.B.）
編集協力	平谷悦郎、小林音々（株式会社 G.B.）
本文イラスト	熊アート
カバーイラスト	ぷーたく
カバー・本文デザイン	別府 拓（Q.design）
DTP	くぬぎ太郎、野口暁絵（TARO WORKS）

木暮太一（こぐれ たいち）

作家、一般社団法人 教育コミュニケーション協会 代表理事

慶應義塾大学経済学部を卒業後、富士フイルム、サイバーエージェント、リクルートを経て独立。説明能力と、言語化能力に定評があり、大学時代に自作した経済学の解説本が学内で爆発的にヒット。現在も経済学部の必読書としてロングセラーに。相手の目線に立った伝え方が、「実務経験者ならでは」と各方面から高評を博し、現在では、企業・団体向けに「説明力養成講座」を実施している。フジテレビ「とくダネ！」元レギュラー・コメンテーター、NHK「新世代が解く！ ニッポンのジレンマ」などメディア出演多数。『「自分の言葉」で人を動かす』『カイジ「命より重い！」お金の話』など著書多数、累計170万部。

● 木暮太一オフィシャルサイト：http://koguretaichi.com/

大学4年間の
経済学見るだけノート

2018年7月12日　第1刷発行

監修　　　木暮太一

発行人　　蓮見清一
発行所　　株式会社 宝島社
　　　　　〒102-8388
　　　　　東京都千代田区一番町25番地
　　　　　電話　営業：03-3234-4621
　　　　　　　　編集：03-3239-0928
　　　　　http://tkj.jp

印刷・製本　　株式会社リーブルテック

本書の無断転載・複製を禁じます。
乱丁・落丁本はお取り替えいたします。
©Taichi Kogure 2018
Printed in Japan
ISBN978-4-8002-8285-9